AF433316

Metáforas en pugna:
estudios sobre los imaginarios del habitar

Sabugo, Mario

    Metáforas en pugna : estudios sobre los imaginarios del habitar. - 1a ed. - Ciudad Autónoma de Buenos Aires : Diseño, 2015.

    222 p. ; 21×15 cm.

    ISBN 978-987-3607-58-5

    1. Estudios de Arquitectura. I. Título

    CDD 720

Diseño gráfico: Karina Di Pace
Edición y corrección: Leticia Cappellotto
Imagen de tapa: "Lima" (Alfonso Piantini, 2009)

Hecho el depósito que marca la ley 11.723

Publicación financiada con subsidios de Ubacyt.

ISBN 978-987-3607-58-5

Mario Sabugo

(director)

Metáforas en pugna:
estudios sobre los imaginarios del habitar

Textos de:
Raúl Horacio Campodónico
Horacio Caride Bartrons
Beatriz García Moreno
Rodolfo Giunta

Mario Sabugo
Maximiliano Salomón
Gabriela Sorda
Ileana Versace
Johanna Zimmerman

Indice

MARIO SABUGO

Introducción

En las últimas décadas, las nociones de imaginarios, imaginarios sociales e imaginarios urbanos se han empleado con mucha frecuencia en los estudios sobre la ciudad, la arquitectura, el paisaje y otras esferas del ambiente humano. A la vez, esa frecuencia se vio contrarrestada por el tenor difuso de las significaciones que adquieren tales nociones en sus diferentes contextos discursivos. Por tal motivo, no es ociosa una continua profundización de una teoría de los imaginarios del habitar y menos aún el desarrollo de sus aplicaciones específicas. A ello quiere contribuir el material aquí publicado.

La imaginación tuvo su momento estelar en 1968, al ser enarbolada como panacea política y social por Daniel Cohn-Bendit y sus seguidores del Barrio Latino. Cuatro años antes, Jacques Lacan iniciaba los Seminarios que girarían en torno a la tríada de lo Imaginario-Real-Simbólico. Y algunas décadas habían pasado desde que Jean Paul Sartre definiera la conciencia imaginativa en forma independiente de lo perceptual y lo conceptual.

Sucede que las problemáticas de lo imaginario aparecen en la historia de diferentes disciplinas, y ante todo en la filosofía, desde muy antiguo.

Los imaginarios, entendidos en general como conjuntos de representaciones, pueden aparecer bajo múltiples modalidades o géneros discursivos, entre ellos el arte, el mito, la religión, la ciencia, la ideología y la utopía.

Ahora bien, puesto que los imaginarios instituidos suministran los argumentos de habituación y legitimación de las instituciones, es conveniente distinguirlos rigurosamente de los imaginarios alternativos. Lo imaginario instituido se funda, en general, en una matriz funcionalista o estructuralista, la que también ha sido llamada razón instrumental, que no consigue pensar más allá de lo ya pensado y por lo tanto no puede incorporar el cambio y lo propiamente nuevo en el plano de lo histórico y social.

Los estudios que aquí se publican se enfocan en diferentes géneros discursivos, en diferentes áreas del habitar, y en diferentes contraposiciones de las significaciones instituidas y las significaciones alternativas. Pues las configuraciones del espacio habitado, de la arquitectura y de los diversos sistemas de ambientes y objetos, que subsumimos bajo la noción general de habitar, lo mismo que las acciones y prácticas respectivas de los diferentes actores involucrados, no son accesibles más que a través de sus diferentes representaciones sean instituidas o alternativas.

Los imaginarios del habitar serían alternativos tanto como sean inconmensurables con los imaginarios instituidos en cuanto a núcleos ético-míticos, lenguajes y categorías, entre ellas el tiempo, el espacio, la relación causa-efecto, el número, la identidad, etc. Los imaginarios alternativos implican una confrontación crítica y una deslegitimación de los dispositivos instituidos. Para poner nítidamente de manifiesto los imaginarios instituidos, es imprescindible contrastarlos con los imaginarios alternativos, que no pueden estar sino en el exterior de las instituciones disciplinarias del habitar.

Por este deambular alrededor de los límites que separan las instituciones y sus imaginarios de todo aquello que queda afuera, los materiales aquí publicados pueden ganarse merecidamente el mote de estudios "fronterizos"; y en efecto, así se denominaron los seminarios cumplidos al respecto en los primeros meses de 2014.

Este volumen reúne varios trabajos derivados de investigaciones relacionadas con una teoría de los imaginarios del habitar, tal como se han venido llevando adelante en los proyectos Ubacyt denominados "Imaginarios urbanos, imaginarios del habitar" (2009-2011) e "Imaginarios del Habitar: textos e imágenes de la arquitectura y la ciudad" (2011-2014), ambos dirigidos por Mario Sabugo y con sede en el Instituto de Arte Americano e Investigaciones Estéticas "Mario J. Buschiazzo" (IAA) de la Facultad de Arquitectura, Diseño y Urbanismo de la Universidad de Buenos Aires (Fadu-UBA).

A los textos redactados por los integrantes de los mencionados proyectos, se han sumado otros trabajos vinculados a tesis de doctorado ya aprobadas o en curso que convergen con los anteriores en cuanto a la misma problemática teórica. En fin, hemos tenido la satisfacción de poder sumar la aportación de una apreciada investigadora colombiana, Beatriz García Moreno, investigadora correspondiente del IAA y profesora visitante en los cursos de Doctorado en la Fadu-UBA.

El primer artículo pertenece a Rodolfo Giunta, que acuñó el feliz título de "Metáforas en pugna" que hemos adoptado con su venia para que también encabece todo el volumen. Se trata de poner de manifiesto una modernidad imaginada que prefiguró y matizó la evolución física y simbólica de la Ciudad de Buenos Aires en la segunda mitad del siglo XIX, girando alrededor de dos metáforas en pugna: la "París de Sudamérica" y la "Gran Aldea", ésta estrictamente un oxímoron que desplegó novelísticamente Lucio V. López.

A continuación, "EI infame Paseo de Julio. Imaginarios prostibularios de Buenos Aires en el cambio de siglo", en el cual Horacio Caride Bartrons pasa sintética revista a los imaginarios que suscitó, en diferentes expresiones de la cultura, el borroso territorio de las casas de tolerancia, paradójicamente central y marginal, sobre el telón de fondo de la regulación municipal de sus actividades y localizaciones entre 1875 y 1936, año de su prohibición definitiva.

"'¡Como si una columna tuviera necesidad de ser decorada!' Primeras legitimaciones de la arquitectura moderna en diarios y revistas de Buenos Aires (1925-1932)" es el texto de Johanna Zimmerman dedicado a los discursos que surgen en el período mencionado tanto en revistas de alta estima cultural, sean *Sur* o *Martín Fierro*, como en la prensa popular que comienza a presentar secciones específicas, tales como *Crítica* o *El Mundo*. En todos los casos, y con independencia de los matices y disputas que se adivinan en el campo propiamente disciplinario, se observa una intención de legitimación generalizada de la arquitectura moderna.

Los dos trabajos sucesivos se relacionan con el cine y los cinematógrafos, un fenómeno urbano, estético, económico y cultural cuya emergencia es muy característica de la primera mitad del siglo XX. Raúl Horacio Campodónico se enfoca precisamente en el "Proceso de institucionalización de la industria cinematográfica", que redefinió variados aspectos primitivos de la misma que van desde los espacios de exhibición hasta las tipologías de personajes y espacialidades que aparecen en las representaciones fílmicas. En varios sentidos este trabajo queda articulado con el que sigue, preparado por Ileana Versace, que profundiza específicamente los espacios de exhibición y asimismo los artefactos en las actividades rituales respectivas, pero encuadrando el problema en sus momentos tempranos en la Ciudad de Buenos Aires, como fase de un proceso tensionado entre lo instituido y lo alternativo que conducirá a lo que la autora llama el "imaginario espectacular". Todo ello tal como lo expone en su "Imaginarios del espectáculo: desplazamientos y emplazamientos de la exhibición cinematográfica".

Al pasar de las representaciones en el cine a las representaciones del tango, Mario Sabugo analiza algunos imaginarios ambientales en el texto titulado "Donde el barro se subleva…", en el cual pueden advertirse las significaciones alternativas de nociones del habitar tales como el fango, el asfalto o la flor. Todas ellas relevantes como simbolismos que no pueden ser reabsorbidos en el marco del imaginario instituido, encerrado en una matriz funcionalista e instrumental.

Los dos textos que siguen se acercan a problemáticas más específicas de las disciplinas del habitar, en primer término en torno a los imaginarios de la gestión de la vivienda social, y el segundo en cuanto a las representaciones del papel del arquitecto.

Gabriela Sorda, con sus "Imaginarios instituyentes y solitarios imaginarios populares", indaga en los discursos vinculados a la Comisión Nacional de Casas Baratas y su boletín *La Habitación Popular*. El organismo, promovido en 1915 por Juan Félix Cafferata, fue pionero en Argentina en cuanto a construcción estatal de viviendas sociales. El trabajo da cuenta de sus relaciones con los actores populares y de los discursos incluidos en sus documentos institucionales.

Por su parte, Maximiliano Salomón, en su "Campos, universos y metamorfosis en la cuestión disciplinar", se refiere a los conceptos críticos acerca de las sociedades disciplinarias y sus dispositivos, aplicándolos a la institución de la arquitectura en Argentina y su específico universo de representaciones que la legitiman como tal y que puede asimilarse a la noción de campo intelectual y aún a la metáfora del campo magnético.

La secuencia de textos se cierra mediante las reflexiones que aporta Beatriz García Moreno desde Bogotá, Colombia, acerca de "La ciudad, entre encierros y voyerismos". La desconfianza generalizada hacia el Otro sería una clave para interpretar los actuales paisajes urbanos, en base a la paradójica coexistencia del encierro y del voyerismo. Uno frena al ojo, el otro hace que el ojo esté en todas partes, atravesando cualquier muro, manteniendo el control y reproduciendo el goce propio de la mirada que atrapa. Ambos fenómenos urbanos, encierro y voyerismo, intensifican la fragmentación y la segregación, y modifican las tradicionales distinciones entre lo público, lo privado y lo íntimo.

RODOLFO GIUNTA

Metáforas en pugna

> "*Metaphora* circula en la ciudad, nos transporta como a sus habitantes, en todo tipo de trayectos, con encrucijadas, semáforos, direcciones prohibidas, intersecciones o cruces, limitaciones y prescripciones de velocidad. De una cierta forma –metafórica, claro está, y como un modo de habitar– somos el contenido y la materia de ese vehículo: pasajeros, comprendidos y transportados por metáfora".
>
> JACQUES DERRIDA, *La retirada de la metáfora.*

Las metáforas, al igual que sucede con las obras pictóricas, en cada época reciben diferentes miradas sociales. Michael Baxandall (1984), con relación a la observación de un cuadro, remarcó la distancia temporal que existe entre la mirada de un hombre de la actualidad y, por ejemplo, la de uno del siglo XV. Mendiola (2005, 510) recuperó este concepto y expresó que "Si el cuadro no es el mismo para ambas 'miradas sociales' es porque, en sentido estricto, éste sólo existe en las descripciones que hace cada sociedad de él".

En este trabajo me voy a referir a la "Gran Aldea", que en la actualidad está asociada al proceso de globalización y rinde cuenta de un nuevo fenómeno cuyo escenario es el mundo. El proceso comunicacional que originalmente solo se daba en los asentamientos humanos más reducidos como las aldeas, donde prácticamente todos los miembros se conocían e interactuaban, ahora se replica a escala mundial. De la proximidad física que posibilitaba el contacto interpersonal, se ha pasado a una proximidad comunicacional, en el marco de una realidad virtual a escala mundial, en tanto no hay distancia que impida comunicarse. Actualmente suele referirse al mundo como una gran aldea, lo cual equivale a romper con toda noción de límite físico: las fronteras se diluyeron. Los obstáculos que se podían presentar al pasar de una nación a otra como las distancias y los accidentes geográficos, sean cordilleras, mares o desiertos, no inhiben en la actualidad los procesos de comunicación e incluso las vivencias, en tanto la dimensión virtual cuenta con un nuevo marco espacio-temporal: el *donde* puede ser en cualquier lado y el *cuando*, puede ser en todo momento. Mc Luhan (1967) sostuvo que ya no se podía pensar en la existencia de lugares remotos en virtud de los cambios que se habían operado en los medios de comunicación, anticipándose a la instantaneidad en el acceso a la información que brinda el fenómeno *on line*.

En otro momento, se utilizó la metáfora de "Gran Aldea" para definir a la Ciudad de Buenos Aires y más allá de ser ampliamente conocido, vale la pena remitirnos al origen de aquel rótulo que surgió como título de un folletín del diario *Sud-América* y terminó convirtiéndose en una novela que se publicó con el subtítulo de "Costumbres bonaerenses". El relato es de Lucio Vicente López (1884) y asumió la forma de una autobiografía, que se iniciaba con los recuerdos de una infancia marcada profundamente por la muerte de su padre y la consiguiente mudanza de la "pobre morada" natal, presumiblemente en una zona periférica de la ciudad no especificada, a la "espléndida mansión" de los tíos, a cuyo cargo quedó, en una de las principales cuadras de la calle de la Victoria (actual Hipólito Yrigoyen). Con la intención de presentar una fábula, con fuertes ribetes de caricatura social de los tiempos circundantes a la Batalla de Pavón, el autor fue tejiendo una ingeniosa secuencia ligada a la vida matrimonial del tío Ramón mediante la cual ilustraba el pasaje de una cultura "tradicional", asimilada a su primera esposa, Medea Berrotarán, hacia otra "moderna", asociada a su segunda esposa, Blanca Montifiori. El atractivo mayor de la obra estuvo en las pinceladas sociales porteñas que conformaban el entorno del eje argumental, con reconocidos personajes de época.

Ciertos críticos literarios explicaron la gran trascendencia de la obra, tal como puede apreciarse en las primeras historias de la literatura argentina de Ricardo Rojas (1922) y la dirigida por Rafael Arrieta (1959), por el hecho de ser un discurso pionero en su género y sobre todo por el valor documental sobre las costumbres de una época. Alfonso de Laferrère en su prólogo a la edición de la Editorial Estrada sostuvo que, si bien el autor dio al título una intención hiriente, la posteridad lo ha convertido en un nombre afectivo y melancólico.

Podríamos inferir que la intención de Lucio V. López fue la de tratar de ilustrar con "Gran Aldea" una época peculiar de la Ciudad de Buenos Aires en la que se constataba una contradicción: el primer término, "gran", hace referencia a una magnitud propia de una dimensión física y el segundo término "aldea" hace referencia a uno de los menores asentamientos humanos, propios del área rural, inferior en jerarquía por ejemplo a "pueblo".

No es un dato menor que se trate de una metáfora que escapó a los paradigmas vigentes en la época: no puede asimilarse a un paradigma mecanicista por el desequilibrio entre sus términos y no puede asimilarse a un paradigma organicista en tanto atenta contra el criterio de evolución. Otro dato de interés es que se trata de una metáfora en un contexto mundial en el cual una de las características más impactantes de las ciudades fue su desmedido crecimiento al alcanzar magnitudes impensables en más de cinco mil años de evolución. Sin embargo para Lucio V. López, no se trató de una variable que incidiera necesariamente en lo cualitativo. A su entender el caso de la Ciudad de Buenos Aires solo se trataba de un asentamiento humano de grandes dimensiones, que no podía compararse con lo que sucedía en otras ciudades del mundo, como París, Londres, Viena o Barcelona, que se convirtieron en referentes urbanos por su proceso de transformación.

Sin embargo, "Gran Aldea" es una metáfora que trasciende lo meramente descriptivo, en tanto no sólo es una contradicción entre dimensión y jerarquía, sino que se trata de una antítesis propia del oxímoron; es algo que no puede existir en la realidad al operar como contra-definición: una aldea es precisamente algo de reducida dimensión.

¿Cuál es la consecuencia de su uso en la historiografía de la Ciudad de Buenos Aires? En primer lugar, prácticamente hacer invisible en el discurso nada menos que tres siglos de existencia. En segundo lugar, como consecuencia del primero, poder enfatizar el hecho que la modernidad fue un proceso que se inició *ex nihilo* a partir de la capitalización federal de la Ciudad de Buenos Aires en 1880. El proceso de modernización posterior procuró un prolijo borrado de las huellas materiales previas, en tanto todo lo ligado al mundo colonial español estaba totalmente desacreditado. No era conveniente presentar la modernización de Buenos Aires como un proceso realizado sobre una ciudad que desde su diseño original fue moderna. Pero dicho origen no era satisfactorio, aún cuando, entre otros, el Barón de Haussmann en París, Otto Wagner en Viena o Ildefons Cerdá en Barcelona, se remitieran al "modelo americano" para modernizar los laberínticos trazados medievales propios de las ciudades europeas.

Mediante un oxímoron el pasado de la ciudad se diluía. La "Gran Aldea" nunca existió, pasaba a ser tan mítica como el asentamiento original de Pedro de Mendoza, y en este caso logrando el objetivo de dotar a la ciudad de un origen más prestigioso, que por ejemplo la ligara a París. Un proceso similar al que Tito Livio empleó en "Ab urbe condita" mediante el cual el origen de Roma quedaba directamente vinculado al mundo griego mediante la figura de Eneas y sus descendientes Rómulo y Remo. Para ilustrar esta perspectiva de análisis, pongo en relación un conjunto de metáforas que entraron en pugna. En la diacronía: "Gran Aldea" (de Lucio V. López)-"París de Sudamérica" (de uso frecuente en los discursos de época) y en la sincronía: "Gran Aldea"-"Babilonia o Infierno" (de José María Cantilo).

A partir del proceso que se originó con la capitalización federal de 1880, la Ciudad de Buenos Aires fue concebida como la "París de Sudamérica". Así como para el Barón de Haussmann el París medieval vigente era incompatible con una nueva concepción de ciudad, Buenos Aires como ciudad "moderna" tampoco podía contener ni ser el resultado de un "ajuste" de la ciudad colonial.

Por cierto no fue el único proceso de resignificación con relación al pasado colonial. Fernando Aliata (2006) sostuvo que el instrumento representativo de la construcción del saber técnico en la etapa rivadaviana fue la cuadrícula, pero le otorgó otro significado, mediante un desplazamiento de sentido.

"Se trata de un radical principio de transformación global que incluso necesita paradójicamente modificar esa cuadrícula, especializarla, designar en ella áreas particularizadas: sectores definidos para las instituciones del nuevo Estado, avenidas de anchura diferenciada según los flujos de circulación, bulevares de circunvalación, plazas especializadas para el comercio o la celebración, ámbitos que constituyen, poco a poco, un nuevo tipo de espacio donde la separación entre lo público y lo privado debe hacerse más evidente" (215).

Se propuso demostrar así que ya no se trataba de la misma cuadrícula de la etapa colonial, y que en su nueva acepción fue

> "(…) Capaz de asumir múltiples significados, que ha sido despojada de todo valor ideal como modelo físico de la regularidad política y aparece ahora como un módulo neutro de organización territorial que asegura una ordenada expansión sobre la campaña" (215).

Todo un desafío, porque resulta sumamente difícil establecer diferencias de significados desde la mismidad en la forma. Un observador desprevenido seguramente siguió viendo la misma cuadrícula y de hecho la seguirían viendo muchos otros, no sólo en la expansión de la Ciudad de Buenos Aires, sino en los múltiples nuevos poblados, como enfatizaron Ramón Gutiérrez y Alberto Nicolini (2000):

> "(…) La cuadrícula como símbolo de lo urbano se impondrá fuertemente en el pensamiento decimonónico y la geometrización del espacio geográfico será una de sus consecuencias más directas, sobre todo en la segunda mitad del siglo diecinueve" (189).

Diferentes camadas de profesionales extranjeros, que llegaron a nuestro país desde las primeras décadas del siglo XIX, generaron un cambio en el paisaje edilicio urbano, donde lo colonial y lo que en ese momento era nuevo, pudieron dialogar y convivir. Próspero Catelin dotó a la Catedral de una fachada, dándole con ella un toque neoclásico a lo colonial, al igual que lo que sucedía con las catedrales góticas europeas que en siglos de construcción iban incorporando nuevos estilos. En cambio, después de la capitalización federal, lo cívico, lo militar y hasta lo comercial de la etapa colonial se volvió incompatible, no había posibilidad de convivencia alguna, la única solución era su desmaterialización: la Recova que dividía en dos a la actual Plaza de Mayo, ni siquiera pudo ser maquillada, simplemente tuvo que demolerse. No se pudo hacer lo mismo con el Cabildo, en tanto desde lo simbólico era el mayor referente de la Emancipación. Ahora bien, ¿el Cabildo resultante de la modificación de Pedro Benoit (1879), con una torre mucho más alta que la original y una fachada italianizante, podía asociarse al de la Revolución de Mayo de 1810? Un observador desprevenido vería otra cosa. En este caso, a diferencia de lo que pasó con la cuadrícula, resultó difícil sostener el mismo mensaje con una forma diferente.

Dado los problemas que presentan las diferentes observaciones, resultaría de interés preguntarnos, por aquello que estuvo en la base: cómo fue visto y pensado "lo moderno". Emmánuel Lizcano (2006, 42) sostuvo que es el imaginario el que educa la mirada, "Una mirada que no mira nunca directamente las cosas: las mira a través de las configuraciones imaginarias en las que el ojo se alimenta".

Ante todo lo moderno presentaba cierta tensión que oscilaba entre considerarlo como caos o como libertad, pero se trataba siempre de una vivencia intensa, en tanto podía poner en riesgo la vida misma. Marshall Berman (1982) destaca la figura de Baudelaire como uno de los primeros escritores que propició una toma de conciencia acerca de lo moderno. Destacó un fragmento del poema "La pérdida de una aureola" en el cual un poeta comentaba a su interlocutor que "Cruzaba el bulevar corriendo, en medio de un caos en movimiento, con la muerte galopando hacia mí por todos lados". Berman consideró que en ese fragmento se podía encontrar al hombre moderno arquetípico:

"(…) Un peatón lanzado a la vorágine del tráfico de una ciudad moderna, un hombre solo que lucha con un conglomerado de masa y energía que es pesado, rápido y letal. El incipiente tráfico de la calle y el bulevar, no conoce límites espaciales o temporales, inunda todos los espacios urbanos, impone su ritmo al tiempo de cada cual, transforma la totalidad del entorno moderno en un 'caos en movimiento'" (159).

El hombre moderno debía ejercitar cierto aprendizaje en lograr *soubresauts* [sobresaltos] y *mouvements brusques* [movimientos bruscos], un despliegue de habilidades físicas que a su vez se condecían con una nueva sensibilidad y actitud mental. Para Berman:

"El poeta de Baudelaire se lanza a una confrontación con el 'caos en movimiento' del tráfico y lucha no sólo por sobrevivir, sino además por afirmar su dignidad en medio de él. Pero su modo de actuación parece contraproducente, ya que añade otra variable imprevisible a una totalidad ya inestable. Los caballos y sus jinetes, los vehículos y sus conductores, tratan a la vez de dejar atrás a los demás y de evitar chocar con ellos. Si, en medio de todo esto, también se ven obligados a evitar a los peatones que en cualquier instante pueden lanzarse a la calle, sus movimientos se harán todavía más inciertos, y por tanto más peligrosos que nunca. Así, al luchar contra el caos en movimiento, el individuo no hace sino agravar el caos" (163).

Los bulevares y diagonales eran excepcionales en el París transformado por Haussmann. Lo interesante es que en Buenos Aires en la misma época hubo vivencias similares. Tomo como referencia un texto de José María Cantilo publicado en el *Correo del Domingo*:

"Si no nos vamos a vivir a otra parte, en esta ciudad corremos riesgo de morir impensadamente. Los jinetes andan a escape, los carruajes disparan, los cargadores llenan las veredas con bultos encima, los albañiles no dejan paso por ellas ni a los enfermos; en la Bolsa hay una caballada, en las galerías del Cabildo grupos densos de gente afanada por ganar pleitos; por el muelle no se puede pasar, porque los changadores asaltan a la gente a fuerza de quererlas servir, los trenes de los caminos de fierro se obstruyen de pasajeros, ¡en los hospitales no caben los enfermos!" (Cantilo, 1864, 706-7)

José María Cantilo rendía cuenta del crecimiento de la Ciudad de Buenos Aires, efectuando un esfuerzo discursivo por dejar en claro dos cosas: primero que se trataba de una "ciudad" y no de un "pueblo" y que además ya había alcanzado cierto prestigio o jerarquía. Efectuó una interesante constatación después de afirmar que Buenos Aires era una ciudad grande, en tanto producía una vivencia difícil de definir: "Me refiero a ese vértigo que suele subir a la cabeza y produce emociones que no dejan pensar en mañana". Dicho vértigo se evidenciaba en una aceleración en las prácticas sociales:

"Tanto estrépito, tanto atropello, tanto gentío en las calles, tanto organillo, tanta casa que se hace o que se rehace, tanto aguador con campanilla, tantos gritos, tanto mendigo, tanto vestido de cola, tanta máquina, es para desear huir mil leguas de aquí. Prefiero el Paraguay con su solemne silencio, sus patriarcales costumbres, sus trajes que no siguen los figurines, sus sombreros y la linterna en la mano, que esta Babilonia, este infierno en que se ha convertido Buenos Aires. Probablemente me embarco en el primer vapor para la Asunción" (Cantilo, 1864, 706-7).

Tanto en el caso de Baudelaire como de Cantilo, hay un intento por generar conciencia en la opinión pública, de ciertas vivencias, que debían ser leídas como propias de la modernidad, en vez de ser catalogada como caóticas y peligrosas –respecto a las prácticas previas– al punto de poner en riesgo la vida.

En el relato de Lucio V. López, "La aldea de 1862 tenía muchos detalles de ciudad". Esta afirmación denota que el autor posee un concepto de ciudad, a partir del cual compara un estadio previo con ciertas carencias, esto es aquello que tenía de incompleto Buenos Aires, para ser considerada una ciudad. Se trataba de un modelo urbano que podía ser conocido directamente por viajes o indirectamente por la literatura o la prensa, tal como lo había esbozado Sarmiento (1993):

"La descripción carece, pues, de novedad, la vida civilizada reproduce en todas partes los mismos caracteres, los mismos medios de existencia; la prensa diaria lo revela todo; y no es raro que un hombre estudioso sin salir de su gabinete, deje parado al viajero sobre las cosas mismas que él creía conocer bien por la inspección personal" (8).

La ausencia de novedad podía ser fruto de la repetición o la reproducción y al prevalecer la mediatización, el conocimiento empírico podía ser superado por el de gabinete. La percepción empezó a estar más vinculada a la formación intelectual que al acto físico.

José María Cantilo, al presentar a Buenos Aires como "Babilonia" o "Infierno" utilizó metáforas, que en la sincronía, entran en pugna con el planteo cargado de nostalgia de Lucio V. López, con relación a los veinte años trascurridos entre los recuerdos y el momento del relato: "En fin, yo, que había conocido aquel Buenos Aires de 1862, patriota, sencillo, semitendero, semicurial y semialdea, me encontraba con un pueblo con grandes pretensiones europeas que perdía su tiempo en flanear en las calles (…)" (68).

Lucio V. López nos aportó un dato muy significativo: el *flâneur* llegó a Buenos Aires. Habían pasado más de treinta años cuando Sarmiento había señalado que:

"Flanear es un arte que solo los parisienses poseen en todos sus detalles; y sin embargo, el extranjero principia el rudo aprendizaje de la encantada vida de Paris por ensayar sus dedos torpes en este instrumento de que solo aquellos insignes artistas arrancan inagotables armonías" (116).

La comparación que Lucio V. López realizaba en la diacronía entre dos momentos diferentes en la Ciudad de Buenos Aires, guarda cierta semejanza con la comparación en la sincronía que hizo Sarmiento (116-117) entre el habitante de París y el visitante que provenía de una ciudad americana:

"El pobre recién venido, habituado a la quietud de las calles de sus ciudades americanas, anda aquí los primeros días con el Jesús en la boca, corriendo a cada paso riesgo de ser aplastado por uno de los mil carruajes que pasan como exhalaciones, por delante, por detrás, por los costados. Oye un ruido en pos de sí, y echa a correr, seguro de echarse sobre un ómnibus que le sale al encuentro; escapa de éste y se estrellará contra un fiacre si el cochero no lograra apenas detener sus apestados caballos por temor de pagar dos mil francos que vale cada individuo reventado en París. El parisiense marcha impasible en medio de este hervidero de carruajes que hacen el ruido de una cascada; mide las distancias con el oído, y tan certero es su tino, que se para instantáneamente a una pulgada del vuelo de la rueda que va a pasar, y continúa su marcha sin mirar nunca de costado, sin perder un segundo de tiempo".

El *flâneur* es un actor social clave frente al anonimato que provoca la ciudad moderna con esa "multitud amorfa de los que pasan, del público en las calles" y que, según Walter Benjamin (1939), tenía el objetivo de darle un alma a esa multitud.

"Gran Aldea" y "París de Sudamérica": la misma ciudad en diferentes épocas. Concebidas a partir de la capitalización de Buenos Aires, para rendir cuenta una de su pasado y la otra de un presente que miraba al futuro, estas dos metáforas entraron en pugna. Consecuencia lógica de todo proceso de confrontación de tradiciones y modernidades. Sin embargo en este caso preciso, una intencionalidad subyacente, pretende rendir cuenta del proceso de modernización desde uno de sus componentes fundamentales: la velocidad. Pasar de lo marginal a lo más destacado parecía ser una característica en la evolución de la Ciudad de Buenos Aires, tal como lo marca su crecimiento demográfico espasmódico. Tras doscientos años de extrema marginalidad en la órbita del sistema colonial, pasó a ser nada menos que capital de un virreinato, esto es adquirir la máxima jerarquía posible para una ciudad colonial. Lo más destacable del pasaje de "Gran Aldea" a "París de Sudamérica" es que se realizaba en muy pocas décadas, por lo cual el proceso era similar al del período colonial pero con una aceleración inusitada, y en esto estaba la clave: la capacidad de transformación en muy escaso tiempo. Así:

"(…) En el mundo ampliado, el impacto (…) de toda la tecnología aceleradora tuvo al menos dos caras – apuró el tiempo de la existencia corriente y transformó la memoria de los años pasados, el material de la identidad de todos, en algo lento. Los recuerdos tienen la capacidad de convertirse en nostálgicos sólo después que los cambios hayan hecho posibles las comparaciones y que el pasado parezca irremisiblemente perdido". (Kern, 129, 1983).

El indicador básico en el proceso de modernización fue la velocidad: se percibía una creciente aceleración en todos los procesos, incluso en el crecimiento, que hasta ese momento tenía un determinado y constante ritmo. Toda una euforia por lograr artefactos cada vez más grande y más rápido que tuvo su primer traspié impactante con el Titanic. La velocidad en el cambio tecnológico hizo tomar conciencia de lo efímero de la vida al dotar de mayor celeridad a las vivencias y solo los pintores retratistas podían garantizar cierta trascendencia a la muerte.

Metáforas en pugna que pretendían garantizar que mediante el progreso se alcanzaría una mejor calidad de vida, y en el caso urbano, se lograría una ciudad evolucionada en sus aspectos técnicos y estéticos. Por cierto, no se trató de un proceso cuya interpretación haya sido homogénea.

Vicuña Mackenna en su obra *La Argentina en el año 1855*, confrontó el sistema de construcción "más antiguo y general" de la Ciudad de Buenos Aires con las nuevas construcciones, lamentándose de que se hubiese "iniciado por desgracia una revolución en la arquitectura" respecto a la cual sostuvo que: "Sacrificando la elegancia al lujo, a la sencillez, la recargazón, va a dar a la ciudad un nuevo aspecto pesado y sombrío". Por cierto el encarecimiento de la tierra y por ende las viviendas, llevó a sacar un mayor partido del lote: "La escasez del terreno incita actualmente a construir enormes casas de altos, y ya se ven algunas de dos o más pisos que se levantan como promontorios sobre las azoteas aplastadas del resto de la ciudad". El futuro urbano que avizoró Vicuña Mackenna fue sumamente pesimista respecto al resultado:

"(…) Bordeadas de estos enormes edificios (…) las calles van a verse en extremo angostas y oscuras, y como además el clima es húmedo, serán un verdadero nido de neblinas, moho y lodo" (31).

Vicuña Mackenna criticó las nuevas tendencias constructivas por entender que lograrían un efecto contrario al buscado:

"Los que creen que cada nuevo piso o cada balcón es un nuevo adorno añadido a la ciudad, van sólo a sacrificar a las malentendidas reglas del arte, los preceptos más graves del clima y la higiene, alejando el sol, la luz, el espacio que son la salud y el placer" (32).

A su vez, Robert B. Cunninghame Graham (1914, 70) que visitó Buenos Aires en dos oportunidades, en 1862 y en 1882, esto es en las fechas de los recuerdos y de la escritura de La Gran Aldea de Lucio V. López, sostuvo:

"Así le sucede al hombre que en su juventud ha visto a una bailadora gitana, morena, ágil y cenceña, y se ha complacido en verla desde lejos, que años más tarde vuelve a encontrarla casada con un capitalista, esplendorosa de joyas y trajes de París, y que piensa que a sus ojos era más hermosa allá en El Burrero, envuelta en su raído mantón de manila".

La minimización de Lucio López con "Gran Aldea" y a su vez la exageración de José María Cantilo con "Babilonia" o "Infierno", en última instancia nos remiten a vivencias propias de la modernidad: por un lado, al iniciarse un proceso de cambios que modifica sustancialmente lo que se venía dando de larga data, surgen los temores y cierta sensación de caos y por otro lado, una vez que prevalece lo nuevo, lo previo no sólo se presenta como algo antiguo, sino como inadmisible y por ende desechable. Para comprender las intenciones presentes en las metáforas, lo más efectivo consiste en relacionarlas y contrastarlas, porque muchas veces el sentido de una se vincula al significado de otra, y esta situación permanecería invisible si nos restringiéramos al análisis por separado de cada una de ellas.

Bibliografía

ALIATA, F. (2006). *La ciudad regular. Arquitectura, programa e instituciones en el Buenos Aires posrevolucionario, 1821-1835*. Quilmes, Argentina: Universidad Nacional de Quilmes.

ARRIETA, R. (Dir). (1959). *Historia de la Literatura Argentina*. Buenos Aires, Argentina: Ediciones Peuser.

BAXANDALL, M. (1984). *Pintura y vida cotidiana en el Renacimiento. Arte y experiencia en el Cuattrocento*. Colección Comunicación Visual. Buenos Aires, Argentina: Editorial Gustavo Gilli, S.A.

BENJAMIN, W. (1939). *Sobre algunos temas en Baudelaire*. Consultado en <www.philosophia.cl>.

BERGER, P. y LUCKMANN, T. (1966 [2003]). *La construcción social de la realidad*. Buenos Aires, Argentina: Amorrortu.

BERMAN, M. (1982 [1989]). *Todo lo sólido se desvanece en el aire. La experiencia de la modernidad*. Buenos Aires: Siglo XXI.

BUSCHIAZZO, M. J. (1966). *La arquitectura en la República Argentina 1810-1930*. Buenos Aires, Argentina: Artes Gráficas Bartolomé Chiesino.

CANTILO, J. (1864). Textos en *El Correo del Domingo. Periódico Literario ilustrado*. Tomo 1. Buenos Aires: Imprenta del Siglo.

CUNNINGHAME GRAHAM, R. B. (1914). *El Río de la Plata*. Londres, Inglaterra: Wertheimer.

Derrida, J. *La retirada de la metáfora*. Consultado en: <http://www.jacquesderrida.com.ar/textos/metafora.htm>.

Gutiérrez, R. (y) Nicolini, A. (2000). "La ciudad y sus transformaciones". En: *Academia Nacional de la Historia. Nueva Historia de la Nación Argentina*. Buenos Aires, Argentina: Planeta.

Kern, S. (1983). *The Culture of Time and Space 1880-1918*. Massachussetts, Estados Unidos: Harvard University Press.

Lizcano, E. (2006). *Metáforas que nos piensan. Sobre ciencia, democracia y otras poderosas ficciones*. Madrid, España: Traficantes de sueños - Ediciones Bajo Cero.

López, L. V. (1884). *La Gran Aldea. Costumbres Bonaerenses*. Buenos Aires, Argentina: Imprenta Martín Biedma.

Mendiola, A. (2005). "El giro historiográfico: la observación de observaciones del pasado". En: Morales Moreno, Luis Gerardo (comp.) *Historia de la historiografía contemporánea (de 1968 a nuestros días)*. México DF, México: Instituto de Investigaciones Dr. José Marí Luis Mora.

McLuhan, H. M. (y) Fiore, Q. (1967). *El medio es el mensaje*. Buenos Aires, Argentina: Editorial Paidós.

Rojas, R. (1922). *La Literatura Argentina*. Buenos Aires, Argentina: Imprenta Coni.

Sarmiento, D. F. (1993). *Viajes por Europa, África y América 1845-1847 y Diario de Gastos*. Edición crítica Javier Fernández (coord.). Buenos Aires, Argentina: Fondo de Cultura Económica. Colección Archivos.

Vicuña Mackenna, B. (1936). *La Argentina en el año 1855*. Buenos Aires, Argentina: Edición de la Revista Americana de Buenos Aires.

HORACIO CARIDE BARTRONS

El infame Paseo de Julio.
Imaginarios prostibularios de
Buenos Aires

> "Barrio con lucidez de pesadilla al pie de los otros,
> tus espejos curvos denuncian el lado de fealdad de las caras,
> tu noche calentada en lupanares pende de la ciudad".
>
> JORGE LUIS BORGES, "Paseo de Julio"

A partir de la regulación para las casas de tolerancia, iniciada por la Municipalidad Buenos Aires en 1875, una de las zonas prostibularias más consolidadas de la ciudad se instaló en el Paseo de Julio, la actual Avenida Leandro N. Alem. Su gran extensión, su cercanía al centro y la proximidad a su núcleo fundacional, resultaba una mácula humillante y vergonzosa para una sociedad urbana con un proyecto cultural de cara a los fastos del Centenario. A lo largo de seis décadas, mediante un conjunto de regulaciones, se trató de controlar los burdeles y todas las actividades que se desarrollaban vinculadas con ellos. Pero en el mejor de los casos se consiguió una mutación a diferentes rubros, que encubrió el universo del lupanar en las áreas centrales de la ciudad, hasta su prohibición definitiva en 1936.

Mientras otros prostíbulos lujosos –entre ellos los opulentos cabarets del centro y norte de la ciudad– subsistieron con un ambiente refinado en zonas más pródigas, el bajo fondo del borde de la ciudad, en su doble condición moral y topográfica, resistió la expulsión. Este texto pasa una breve revista a los imaginarios que suscitó en la cultura de Buenos Aires de aquellos años, este borroso territorio, paradójicamente central y marginal, que tuvo como uno a sus escenarios más conspicuos al Paseo de Julio.

La procesión del vicio

Para comprender la localización de los burdeles en el área central, es necesario reconocer algunas pautas de su vertiginoso desarrollo urbano durante la segunda mitad del siglo XIX, cuando se constituyó en el núcleo intercambiador de pasajeros más importante de la ciudad. En los bordes de esta zona, básicamente la Parroquia de San Nicolás, se encontraban muy próximas dos de las cuatro terminales ferroviarias con que contaba Buenos Aires, separadas a unas diez cuadras. Hacia el oeste, la Estación del Parque, en la actual Plaza Lavalle, construida en 1855, donde hoy se levanta el Teatro Colón. Sobre el Río de la Plata, se había inaugurado quince años después la Estación Central, contigua a la Casa de Gobierno y a la Aduana, donde comenzaba el Paseo de Julio.

El movimiento de pasajeros determinó, como en muchas otras ciudades, un proceso de marginalización de las zonas aledañas a las terminales ferroviarias, donde convergieron actividades en un espacio fronterizo entre lo ilegal y lo ilegal. La traza misma de los ferrocarriles como generadora de espacios residuales, los tiempos de espera y el desplazamiento anónimo de los pasajeros masculinos, contribuyeron a la constitución prostibularia de ciertas calles (Alcaide González, 2005; Mugica, 2001).

En *¿Inocentes o culpables?*, una novela de 1884 escrita por Juan Antonio Argerich, un capítulo completo fue dedicado al ambiente prostibulario de San Nicolás.

"La calle hormigueaba de libertinos. Era aquello la procesión del vicio. Desfilaban por las aceras jóvenes de buenas familias, dependientes de casas de negocio, grupos de italianos cantando y jornaleros ya ebrios —y de trecho en trecho, hombres bien vestidos recatándose en la sombra, esquivando encuentros, con el pañuelo en la boca, hasta que se decidían y penetraban con paso ligero a uno de los antros. Las prostitutas que tenían cuarto a la calle abordaban a los transeúntes con infinita audacia y otras los chistaban desde la ventana" (Argerich, 1884).

Argerich, un escritor de familia patricia, que se oponía tenazmente a la inmigración mediterránea europea, describe a la calle Libertad, en las inmediaciones de la Estación del Parque, como ese microcosmos, donde convivían (o se enfrentaban) los inmigrantes, los trabajadores y los hijos de la oligarquía porteña. Pero no era la única calle con estas características.

Hacia el otro borde, muy cerca de la Estación Central, se extendía desde 1855 el Muelle de Pasajeros, conexión inevitable para el acceso de viajeros por vía fluvial y marítima, hasta que fue desmantelado por el comienzo de las obras de Puerto Madero en 1887. Este último generó una expansión de la zona prostibularia ampliando los establecimientos nocturnos sobre las calles 25 de Mayo y especialmente sobre el Paseo de Julio, que se extendía por la ribera norte por unas diez manzanas. Aún con la sucesiva disminución del movimiento portuario en las décadas posteriores, la zona continuaba siendo uno de los lugares de mayor concentración de bodegones, tabernas de mala muerte, "peringundines", "cafés cantantes" y numerosos burdeles.

Atentado intolerable a la moral

Antes de terminar el siglo XIX, el escándalo de los "cafés cantantes" ya era una preocupación para las autoridades nacionales. En 1897 el entonces jefe de policía de la Capital, Francisco Beazley, recibió una misiva preocupante. Uno de sus párrafos informaba que "(...) Niñas que no han cumplido quince años se exhiben en las tablas de cualquier café concierto para divertir con escenas lúbricas a la numerosa clientela que los llena". (Revista de Policía, 1° de julio de 1897, 8) Firmaba la nota el Ministro del Interior, Norberto Quirno Costa.

La prensa los denunciaba como prostíbulos disimulados. "De algún tiempo a esta parte se han multiplicado en la Capital, bajo la denominación de 'cafés cantantes', las salas de espectáculos en que procura entretener a los clientes de alguna forma", que terminaron convirtiéndose, según el cronista, en "(...) centros de vicio y corrupción que reclaman la acción tutelar de las autoridades". El ambiente de corrupción –inclusive de menores– que rodeaba a los "cafés conciertos" llegaba a tal grado de escándalo que preocupaba a un amplio espectro de intelectuales y profesionales, que incluía políticos, escritores, ensayistas, médicos, y policías. Sin embargo, dentro del nuevo esquema de control espacial impuesto para las actividades prostibularias en 1907, no importaba tanto el ejercicio real ni el verdadero problema social que implicaba, como que las acciones (o "transacciones") quedaran ocultas o, al menos, se dieran en lugares menos visibles de la ciudad. De hecho, este espíritu animó claramente la letra de la nueva ordenanza de ese año (Bilbao, 1926, 133):

"Artículo 1° Consiéntase el ejercicio de la prostitución en locales especiales, en las calles cuya longitud sea inferior a 301 metros (...). Dentro de la zona comprendida por las calles San Juan, Entre Ríos, Callao, Juncal, 25 de Mayo y Balcarce, abarcando ambas aceras limítrofes, queda prohibida la instalación de prostíbulos, con excepción de los que se establezcan en calles de longitud inferior a 301 metros".

La nueva zonificación buscaba sacar los burdeles de las vías principales, al menos, en el área de mayor proliferación: el centro. Implícitamente los restringía a pasajes y cortadas, los que se suponían con menor concentración de negocios y lógicamente con menor tránsito de personas. Para el resto de la ciudad, no había esa clase limitación, salvo que sólo se permitía un prostíbulo cada dos cuadras. Como había sucedido algunas veces en la historia de la prostitución porteña, una medida de desconcentración fomentaba lo contrario. En 1913, se agregaron nuevas calles al radio de exclusión para la instalación de prostíbulos. La zona comprendida se estableció en las calles San Juan, Entre Ríos, Callao, Juncal, Paseo de Julio, Reconquista, Córdoba, 25 de Mayo y Balcarce. En los bordes, la limitación comprendía ambas aceras. Pero los burdeles ya funcionaban disimulados en otras actividades. "Hay cafés ubicados en parajes céntricos donde se improvisan piezas teatrales que constituye un atentado intolerable a la moral", sostenía un periodista de La Nación, el 5 de junio de 1905.

Hacia 1910, varios "cafés cantantes" se ubicaban desde el centro hacia el Bajo. El Scala estaba en Esmeralda entre Corrientes y Lavalle. Las mismas calles limitaban sobre 25 de Mayo a los cafés Cosmopolita y Concierto Roma (luego Parisiana y después Bataclán). En Sarmiento, entre Cerrito y Libertad estaba el Salón Centenario y, algo más alejado, el Edén Parisien, en Pueyrredón al 300 (Calaza 1910, 293). El único sobreviviente de aquella generación fue el Scala, luego Esmeralda y actual Teatro Maipo. El Teatro Cosmopolita estaba ubicado en la calle 25 de Mayo 444/454. El edificio tenía dos plantas y una capacidad total para unas ochocientas personas. A la sala principal se accedía desde la vereda y se llegaba ella luego de un pequeño foyer. Tenía un escenario y sitio para la orquesta. No tenía butacas sino sillas y pequeñas mesas. En el sótano (que hoy denominaríamos "subsuelo") se disponía un gran salón destinado a billares y a café, rodeados de pequeños cuartos, que solían figurar como "depósitos" y "camarines". Algunos de estos últimos tenían sus propias escaleras para acceder al escenario. Un gran despacho de bebidas alimentaba las dos plantas. Una de las ventajas comparativas que presentaban los teatros y algunos otros locales nocturnos de prostitución encubierta era la posibilidad de sortear las prohibiciones de vender bebidas alcohólicas en los mismos lugares donde se podían mantener relaciones sexuales por dinero.

Aunque autores contemporáneos basados en las crónicas indican la existencia de hombres entre las mujeres de ciertas casas de tolerancia, realmente son muy escasas las referencias a las relaciones homosexuales, básicamente masculinas, en el Buenos Aires de fines del siglo XIX (Gómez, 2011; Guy, 1994; Looyer, 1911). Si existieron burdeles de hombres, no es posible dar cuenta de su existencia mediante las fuentes consultadas.

Sin embargo, uno de los lugares mejor conocidos para encuentros homosexuales, se situaba en el borde del barrio de San Nicolás, enfrente de la recova. En 1908, el subcomisario Adolfo Batiz describía la intersección del Paseo de Julio con la calle del Temple (Leandro N. Alem y Viamonte) como lugar de encuentro de muchos "pederastas pasivos", que transitaban los jardines del paseo. Batiz, que defendía a la prostitución como una forma de evitar el crecimiento y proliferación de los "invertidos sexuales" en la sociedad, revelaba un punto particular del espacio público: la estatua de Giuseppe Mazzini, inaugurada en 1878, en la Plaza Roma, que en ese tiempo estaba contigua al río. Batiz también menciona otro lugar muy cercano, donde al parecer se daba algún tipo de encuentro entre "uranianos". Se trataba de la fuente "Las nereidas" de Lola Mora, inaugurada en 1903. Hasta su traslado en 1918 a su actual emplazamiento en la Costanera Sur, estaba ubicada muy cerca de la Casa Rosada, en el cruce del Paseo de Julio con la calle Cangallo, actualmente Leandro N. Alem y Presidente Perón. La fuente, que originalmente iba a ubicarse en la Plaza de Mayo, fue trasladada por la "indecencia" que promovía la desnudez de las esculturas. En algún sentido, este traslado también puede obrar como una metáfora sobre la relación entre sexualidad y espacio público en el Buenos Aires de las primeras décadas del siglo XX.

Hacia 1907, una milonga prostibularia de Angel Villoldo, cuya letra rescata Gustavo Varela (2005, 62) condensaba, con un lenguaje fuertemente procaz, la idea de un bajo fondo asociado a las calles del centro. El título elegido fue "Paseo de Julio":

"Le pegaron un becerro 27 vigilantes
y le dejaron la concha
hecha una calamidad
por arriba, por abajo,
por delante y por detrás."

"Pobre muchacha, concha de fierro,
Con tal becerro cómo quedó
Con todo el culo en escabeche
De tanta leche que corrió."

"En la calle de Lavalle,
se ha abierto un gran quilombete
donde todas las mujeres
reciben por el ojete."

"Hacen la puñeta y maman
y se comen la gordura
y le lamen las pelotas
con mucha gracia y dulzura."
 "Por la calle de Esmeralda
por la noche, a deshoras
andan putas ambulantes
que son grandes cachadoras."

"Yo prevengo a los otarios
desconfíen de esas plagas…"

"… Si se descuidan es muy de fijo
que a todo el pijo les pudrirán
y todo el orto y los cojones
los ladillones les comerán."

Las calles incluidas en la letra indican ese territorio del "bajo fondo" desarrollado a metros de la Plaza de Mayo, que era borroso en sus bordes y se definía mejor por sus ejes. Como si fueran los trazados de una ciudad romana, el Paseo de Julio, era una especie de cardo y la calle del Temple, el improvisado decumano de una particular fundación prostibularia. Temple, a la altura de Suipacha, parecía el epicentro de ese submundo, que según Fray Mocho (Álvarez, 1897, 53) era:

"(…) Un verdadero hervidero del bajo fondo social porteño: allí se barajaban todos los vicios y todas las miserias humanas, y allí encontraban albergue todos los desgraciados que aún tenían un escalón que recorrer antes de llegar a los caños de aguas corrientes que, apilados en el bajo de Catalinas, ofrecían albergue gratuito."

La recova canalla

Para el año del Centenario, el histórico paseo ribereño de la ciudad era, además, una de sus más concurridas áreas prostibularias. La recova umbrosa durante el día era, en la visión de algunos testigos, mucho más sórdida de noche, apenas iluminada por las luces de colores que, de tanto en tanto caían sobre las veredas. El negocio era realmente próspero. Varios inmuebles que para esa época funcionaban como casas de familia, dos décadas después eran grandes burdeles, algunos regulados como casas de tolerancia.

Los locales que daban a la calle eran en general ocupados por bares, los famosos "peringundines" del Bajo. Desde su interior era frecuente acceder a los pisos altos, que una vez fueron salas de estar, cocinas o dormitorios. Solo estos últimos eran conservados, mientras que el resto de los cuartos eran convertidos en lugares para la atención de los clientes. En algunos casos, había más de veinte habitaciones. El bar funcionaba como la antesala del burdel, donde la mujer prostituida daba el primer paso, solicitando el pago de una copa al cliente, que recibiría los servicios convenidos en los pisos superiores. La condición del "peringundín" como sala de baile es confirmada en la poesía de Carlos de la Púa o de Celedonio Flores. También por la letra de algunos tangos (Florencio Iriarte, *El Chimango*, 1918. <http://www.todotango.com>):

> "Aquí me tienen. Soy el Chimango,
> aficionado al peringundín,
> y aunque se chiven si me arremango
> me hago el gilberto, les bailo el tango
> con más floreos que capelín".

Con un lenguaje bastante menos directo, otro tango vuelve a titu-
larse "Paseo de Julio":

"Paseo de Julio, tu vieja recova
recuerda otras horas que no olvidé.
Sembraron ropas en tu vereda
y en tus agencias pusieron miel.
Paseo de Julio, saludo primero
de los forasteros que alegres van.
Rudos sus cuerpos, como el acero,
buscando tierras que trabajar."

"Y en esos cafetines,
guardados entre sombras,
soñaba un buen muchacho
que quiso de verdad.
Y al son de los violines
rimaba allí sus coplas,
bebiendo en cada rato
los sorbos de su mal.
Recuerdo que una noche,
muy pálido decía:
No sé qué hay en mi pecho,
me falla el corazón.
Y aquella misma noche,
la novia que tenía,
de un trazo había deshecho
su dicha, su ilusión."

"Tus arcos como un puente
que pesan por sus años,

tus luces de colores,

tiraron mi ansiedad.

Y así al pasar enfrente

de aquél café el muchacho

se me cruzaba entonces

y quise preguntar".

En esos cafetines meretricios, transcurrió uno de los momentos determinantes de "Emma Zunz", el cuento que Borges (1946, 565) ambientó en el verano de 1922. Animada por el odio, la protagonista se hace pasar por una prostituta, quien en apenas una noche aprende y pone en práctica los códigos necesarios para manejarse en la Buenos Aires nocturna, caminarla y obtener el cliente que será el instrumento de su venganza.

"Acaso en el infame Paseo de Julio se vio multiplicada en espejos, publicada por luces y desnudada por los ojos hambrientos, pero más razonable es conjeturar que al principio erró, inadvertida, por la indiferente recova… Entró en dos o tres bares, vio la rutina o los manejos de otras mujeres".

En su clasificación de las recovas porteñas Roberto Arlt (1928-1931, 18, 78), llamó al Paseo de Julio "la recova canalla", a la que definió como "(…) Próspera en librerías que venden postales pornográficas; libros pornográficos; próspera en comercios inmundos". En la descripción de Arlt, las arcadas sombrías propiciaban los espacios donde se desarrollaban los ritos de iniciación del joven adolescente al mundo de la hombría, que incluía el debut sexual. "No hay escolar estrenando pantalón largo, que al pasar por el Paseo de Julio no mire, entre curioso y temeroso, las puertas acristaladas con vidrios japoneses de los bares alegres".

Jorge Luis Borges manifestó una contradictoria fascinación por el ambiente sórdido que guardaban las recovas, el río con el puerto cercano y el ajetreado universo nocturno que fue tema de alguna de sus ficciones. En *Cuaderno San Martín* (1929, 95), le dedicó un poema llamado, una vez más, "Paseo de Julio":

"Juro que no por deliberación he vuelto a la calle

de alta recova repetida como un espejo,

de parrillas con la trenza de carne de los Corrales,

de prostitución encubierta por lo más distinto: la música.

Puerto mutilado sin mar, encajonada racha salobre,

resaca que te adheriste a la tierra: Paseo de Julio,

aunque recuerdos míos, antiguos hasta la ternura, te saben,

nunca te sentí patria.

Sólo poseo de ti una deslumbrada ignorancia,

una insegura propiedad como la de los pájaros en el aire,

pero mi verso es de interrogación y de prueba

y para obedecer lo entrevisto.

Barrio con lucidez de pesadilla al pie de los otros,

tus espejos curvos denuncian el lado de fealdad de las caras,

tu noche calentada en lupanares pende de la ciudad".

Para Borges, este barrio "con lucidez de pesadilla" sería una especie de prólogo de Buenos Aires, con su puerto, la recova y el espacio urbano, que para él era una evocación tan terrible como entrañable. En su recuerdo, acaso el Paseo de Julio se comprenda mejor como una entidad separada, diferente. Otra ciudad, otra nación que nunca sintió patria.

Bibliografía

ALCAIDE GONZÁLEZ, R. (2005). "El ferrocarril como elemento estructurador de la morfología urbana: el caso de Barcelona 1848-1900". En *Revista Electrónica de Geografía y Ciencias Sociales Universidad de Barcelona*. Vol. IX, núm. 194 (65), 1 de agosto (23-06-2014) Consultado en: <http://www.ub.edu/geocrit/sn/sn-194-65.htm>.

ÁLVAREZ, J. S. (Fray Mocho). (1897[2007]). *Memorias de un Vigilante*. Buenos Aires, Argentina: The Echo Library.

ARGERICH, J.A. (1884). *¿Inocentes o culpables?*, Imprenta del Courrier del Plata, Buenos Aires, publicación electrónica (23-11-2012). Consultado en: <http://www.biblioteca.clarin.com/pbda/novela/inocentes/novela.htm>.

ARLT, R. (2013). *Aguafuertes porteñas*, Buenos Aires, Argentina: Losada. (El Mundo, c. 1928-1931).

BATIZ, A. (1908 [1960]). *Buenos Aires, la ribera y los prostíbulos en 1880. Contribución a los estudios sociales (libro rojo)*. Buenos Aires, Argentina: Editorial Aga Taura.

BILBAO, J. (1926). *Prostitución. Recopilación de ordenanzas, decretos, dictámenes, disposiciones de carácter interno, etc.* Buenos Aires, Argentina: Municipalidad de la Ciudad de Buenos Aires.

BORGES, J.L. (1929 [1997]). "Paseo de Julio". En: BORGES, J.L. (1997). *Obras Completas. Tomo 1. Cuaderno San Martín*. Buenos Aires, Argentina: Emecé.
————— (1930 [1997]). "Historia del Tango". En: BORGES, J.L. (1997).

Obras Completas. Tomo 1. Buenos Aires, Argentina: Emecé.

———— (1946 [1997]). "Emma Zunz". En: BORGES, J.L. (1997). *Obras Completas. Tomo 1.* Buenos Aires, Argentina: Emecé.

CALAZA, J.M. (1910). *Teatros: su construcción, sus incendios, su seguridad.* 3 tomos. Buenos Aires, Argentina: Imprenta de la Penitenciaría.

GÓMEZ, E. (1908 [2011]). *La mala vida en Buenos Aires.* Buenos Aires, Argentina: Ediciones Biblioteca Nacional.

GUY, D. (1994). *El sexo peligroso, La prostitución legal en Buenos Aires, 1875-1955.* Buenos Aires, Argentina: Editorial Sudamericana.

LOOYER, C. (1911). *Los grandes misterios de la mala vida en Buenos Aires comparada con la de las grandes Capitales Europeas. Cuadros del vicio y del crimen. Obra psico- sociológica.* Buenos Aires, Argentina: Talleres Gráficos de Rafael Palumbo.

MUGICA, M. L. (2001). *Sexo bajo control. Prostitución reglamentada, Rosario 1900-1912.* Rosario, Argentina: Universidad Nacional de Rosario Editora.

MUMFORD, L. (1979). *La ciudad en la historia. Sus orígenes, transformaciones y perspectivas.* Buenos Aires, Argentina: Ediciones Infinito.

VARELA, G. (2005). *Mal de tango. Historia y genealogía moral de la música ciudadana.* Buenos Aires, Argentina: Paidós.

JOHANNA ZIMMERMAN

"¡Como si una columna tuviera necesidad de ser decorada!". Primeras legitimaciones de la arquitectura moderna en diarios y revistas de Buenos Aires (1925-1932)

> "Cuán tentador es el afán de distribuir el mundo entero según un código único: una ley universal regiría el conjunto de los fenómenos: dos hemisferios, cinco continentes, masculino y femenino, animal y vegetal, singular y plural. (…) Lamentablemente no funciona, nunca funcionó, nunca funcionará.
> Lo cual no impedirá que durante mucho tiempo sigamos clasificando los animales por su número impar de dedos o por sus cuernos huecos".
>
> (PEREC, 2008, 163).

La idea estética, para Immanuel Kant (1790, 139), es:

"(…) Una representación de la imaginación, que da ocasión a muchos pensamientos, sin que ninguno sea determinado, es decir, sin que ningún concepto le pueda ser adecuado, y que por consiguiente, ninguna palabra pueda perfectamente expresarla ni hacerla comprender".

Según Kant, existe un mundo de representaciones, más allá de nuestro medio de comunicación convencional, que no se corresponde con ningún concepto preexistente o conocido por nosotros.

Ahora bien, al observar la forma en que se consume el arte, es posible advertir que buena parte de su aprendizaje y/o entendimiento está fuertemente ligado a lo que Michel Foucault llama "nuestra práctica milenaria de lo Mismo y lo Otro" (1966, 9); es decir, a un sistema clasificatorio. En otras palabras, en el ámbito académico, el arte se estudia y se comprende a partir de una clasificación según estilos: gran parte de los libros y las revistas dedicados al arte y la arquitectura se apoyan en estas clasificaciones para llevar adelante un determinado discurso. Pero este proceder de matriz tan típicamente científica parece contradecirse con la definición misma de la idea estética, al menos en términos kantianos: ¿Cómo categorizar una representación de la imaginación si ningún concepto le puede ser adecuado, si ninguna palabra puede expresarla perfectamente ni hacerla comprender cabalmente? ¿Es válido encerrar una obra cargada de profundo contenido simbólico dentro de un concepto específico, escueto y determinado?

Si todo esto sucede en el ámbito académico, las preguntas que parece necesario hacer serían: ¿Cómo se habla de arte en los ámbitos no académicos? ¿Cómo aprehenden aquellos que no están profundamente interiorizados en estas categorías estilísticas cuestiones relacionadas con lo artístico?

El objetivo de esta investigación es indagar si es acaso posible hallar, en diarios y revistas dirigidos a un público no especializado, menciones a estilos, en este caso, arquitectónicos. La idea es, en primer lugar, observar la presencia o no de estos en estas publicaciones y en segundo lugar, estudiar a qué fines responde la utilización o no de los mismos.

Para ello se analizarán, por un lado, dos diarios a los que se podría calificar como populares –*El Mundo* y *Crítica*– y, por otro, dos revistas destinadas a un público más "selecto" –*Sur* y *Martín Fierro*–. De cada una de estas publicaciones, se estudiarán los ejemplares editados entre 1925 y 1932, aunque en el año 1929 tanto *El Mundo* como *Crítica* comenzaron a publicar una sección arquitectónica destinada al público en general y no específicamente al profesional. Por otra parte, *Martín Fierro* se publicó entre los años 1924 y 1927 y *Sur* comenzó a publicarse en 1931.

Una época de ebullición cultural

En el Buenos Aires de 1930, el público lector potencial se ha ampliado a sectores no sólo de las clases medias sino también populares (Gutiérrez, Romero, 1986) y comienzan a producirse cambios evidentes en el mercado editorial local: ciertas editoriales y revistas van consolidando lo que Beatriz Sarlo llama "La biblioteca del aficionado pobre" (1988, 19), difundiendo, para un público nuevo (que a la vez van produciendo), literatura moralmente "responsable", con valor pedagógico y accesible tanto intelectual como económicamente.

El Mundo, que se autodefine como un medio que desea vincularse con las masas populares, entra a competir con *Crítica*, lanzado en 1913 por Natalio Botana y que para Sarlo "Había modificado de raíz todas las modalidades del periodismo rioplatense" (1988, 20). Su ritmo, la aparición de novedades insólitas, la publicación de secciones dedicadas al deporte, la mujer, el cine y los niños, entre otras, conforman las nuevas pautas del periodismo dirigido a sectores medios y populares. *El Mundo* sigue también esta línea: publica artículos breves, adopta el formato tabloide –posibilitando su lectura en cualquier espacio físico–, utiliza gran cantidad de información gráfica, publica notas de color y de costumbres, historietas e ilustraciones (Sarlo, 1988).

Quienes escriben en ambos diarios son, en general, profesionales: desde periodistas que comienzan a serlo en esos mismos años a autores de origen patricio, como Jorge Luis Borges (quien dirigió, durante un breve período, el suplemento "Color" de *Crítica*). Y en algunos casos quienes escriben en estos diarios también lo hacen en las revistas *Martín Fierro* o en *Sur*.

A diferencia de *Crítica*, *El Mundo* se autoproclama "respetuoso" de las buenas costumbres y la moral social, reprueba el uso del lenguaje excesivamente coloquial y propone, en cambio, un lenguaje "decente", que pueda ser leído por mujeres, hombres y niños. *El Mundo* pretende, también, mantener el decoro en las crónicas policiales, en contraste con el sensacionalismo y la nota roja de *Crítica* (Saítta, 2013, 20). De este modo, según comenta Saítta, "*El Mundo* inaugura un modelo de diario popular que (...) intenta evitar la proliferación desprolija de material informativo y de opinión del diario de Botana" (2013, 21).

Martín Fierro, por su parte, aparece en escena en febrero de 1924. Según Sarlo, esta revista convierte al campo intelectual de la Argentina de la época en "Escenario de una modalidad de ruptura estética típicamente moderna: la vanguardia" (Sarlo, 1982, 39). Para comprender la ruptura que genera *Martín Fierro* es necesario, para Sarlo, revisar las características del campo intelectual que se desarrolla en la Argentina entre 1900 y 1920 y "el proceso contemporáneo de autoidentificación del escritor" (1982, 40). En la Argentina del Centenario, se consolida un "campo intelectual socialmente diferenciado" que se relaciona con el proceso de modernización que había ganado fuerzas a partir de la década de 1880 (Altamirano, Sarlo 1980, 42). Durante la primera década del siglo XX, se desarrolla un proceso de profesionalización de los escritores. David Viñas diferencia dos tipos de escritores: los "*gentlemen* escritores" de los ochenta y los escritores profesionales de principios del 1900 (Viñas 1974, 32). Esta diferenciación se relaciona con el proceso de identificación social del escritor: tanto en el Centenario como en las vanguardias de los 20, la profesionalización tiene que ver con el dejar de ser políticos y escritores para pasar a ser únicamente escritores. Así, estos personajes se identifican con una nueva forma de identidad social: la del artista.

Paralelamente, en los años del Centenario toma impulso un proceso comenzado con la modernización: se incorporan al mundo intelectual personajes que no provenían de familias oligárquicas. Dentro de este mundo, los escritores se esfuerzan por editar regularmente para poder desarrollar su actividad dentro de los marcos de la vida "de artista".

En este contexto, en 1907 se funda la revista *Nosotros*, dirigida por Roberto F. Giusti y Alfredo A. Bianchi. Nosotros, asegura Sarlo, se sentía "representante del campo en su conjunto" (1982, 42), aún cuando existían facciones diferenciadas en la revista. Es decir, antes de que aparezcan las revistas de vanguardia en la década del veinte, el campo intelectual se encuentra hegemonizado y por ende, aparentemente unificado por la revista *Nosotros*. Y es precisamente romper esta unidad lo que pretende la vanguardia martinfierrista: generar un cambio en las instituciones y los hábitos del campo intelectual preexistente.

Ahora bien, Sarlo explica que en la pugna por el público, puede que una vanguardia decida negar el mercado. En tal caso, el resultado sería la división del público: los textos producidos por los escritores pasarían a ser leídos por los escritores mismos, es decir, se fundaría "una lectura entre iguales" (Sarlo, 1982, 51). Esta es justamente la línea que resuelve seguir *Martín Fierro*: la revista busca reivindicar un público sensible a lo nuevo y que se opone al mercado, frente a un público que contamina el lenguaje y deforma la pronunciación.

Mientras la revista *Martín Fierro* busca desde sus inicios un nuevo tipo de público –que evidentemente no es el "honorable público" de "impermeabilidad hipopotámica" (Girondo, 1924) existente–, dirigiéndose hacia un conjunto que de por sí se encuentra limitado de antemano, en *Sur* es posible hablar de dos momentos diferenciados en cuanto al público se refiere. Apenas lanzada la revista, uno de sus objetivos es elevar la cultura del lector. Victoria Ocampo, su directora, llega a referirse a la labor de *Sur* como una "cruzada": "Afirmo que el grupo de *Sur* ha contribuido a abrir de par en par las ventanas (…) Esos hombres han aceptado el honor de no tener una tarea fácil ni brillante (…) Ya no imaginábamos la guerra sino en forma de cruzada" (1946, 49). Sin embargo, tras el gobierno de Perón, parece cambiar la mirada de Ocampo respecto de esta cuestión, pretendiendo entonces que la revista llegue a un público determinado, uno que tenga las "antenas" o "la preparación suficiente para detectar a un artista innovador" (1971, 271). Hacia 1966, Ocampo considera que las masas no tienen esa sensibilidad: "Las gentes se inclinan ante un Pelé, después de unas cuantas patadas certeras. No ha ocurrido otro tanto con un Borges. Soy testigo. Ni con un Caillois" (1966/67, 207). Asegura que lo fundamental, para una revista como *Sur*, es "mantener el *standard* literario" (Ocampo, 1966/67, 206) aún cuando el mundo moderno se resiste cada vez más a esta exigencia de calidad: "(…) Es *impopular*, y con eso queda todo dicho" (Ocampo, 1966/67, 207).

En consecuencia, se pueden observar diferencias significativas entre el desarrollo histórico de *El Mundo* y *Crítica* y *Martín Fierro* y *Sur*. Estas distinciones se basan tanto en su público –los diarios apuntan a sectores populares, mientras que las revistas buscan un público más selecto, más instruido–, como en sus objetivos editoriales –mientras los diarios pretenden enviar un mensaje simple, comprensible por un gran número de personas, las revistas tienen un perfil más reflexivo, de corte más intelectual–.

A continuación, se estudiará si estas diferencias influyen en el tratamiento que estas publicaciones le otorgan a los estilos arquitectónicos.

La arquitectura en los diarios y revistas de la época

Martín Fierro

Son varios los artículos publicados en *Martin Fierro* y escritos por Ernesto Vautier y Alberto Prebisch que hacen referencia a estilos arquitectónicos con el fin de conseguir objetivos específicos. Ciertos autores, como José Gabriel Romero, entienden que estos artículos, enmarcados dentro de la sección "La arquitectura moderna", cumplen un rol propagandístico. Esto es, destacan el papel de ciertos textos y notas de arte y arquitectura a la hora de hacer conocer "La nueva estética" propuesta por "El arte y la arquitectura de vanguardia" (Romero, 2000): una estética enmarcada dentro de lo que normalmente se entiende como "Arquitectura moderna". Para eso, estos artículos realzan las bondades de la arquitectura que defienden y son muy polémicos en el modo en que se refieren al tipo de arquitectura con la que los autores no concuerdan.

Un primer artículo a estudiar, titulado "Fantasía y cálculo" (Vautier y Prebisch, 1925a), crítica duramente al "Arte Decorativo":

> "(…) Producto menguado y falso de una actividad regida exclusivamente por el buen gusto caprichoso y la fantasía individual sin control (…) Podríamos remontar hasta la Grecia clásica (…) un concepto estrictamente funcional de la belleza regía a sus artistas: jamás la frívola intención vigente (…) de 'hacer arte' a toda costa".

Los autores explican que a los artistas de la Grecia clásica no los guiaba una búsqueda de "hacer arte a toda costa" sino que la belleza, en todo momento, estaba íntimamente ligada con lo funcional. Pero actualmente, la búsqueda artística ha quedado reducida a un buen gusto caprichoso y a una fantasía individual sin control. Para hacer frente a esta situación, Vautier y Prebisch explican que es necesario abrirse a una nueva estética ligada al "maquinismo reinante". Dos imágenes respaldan sus ideas: una de un puente construido por un ingeniero y otra de una pasarela del Rosedal de Buenos Aires. Y respecto de estas imágenes, escriben lo siguiente: "He aquí el puente Saint Pierre du Vauvray, obra de un ingeniero, de un técnico. He aquí la pasarela 'decorativa' de nuestro Rosedal, obra de un decorador, de un 'artista'" (Vautier y Prebisch, 1925a). Así, están marcando de modo irónico la diferencia que aún se hace entre artistas y técnicos, cuando para ellos, el arte de la época está más relacionado con el puente construido por el ingeniero que con el puente construido por el decorador.

Unas semanas después, Vautier y Prebisch publican un nuevo artículo, "Hacia un nuevo estilo" (1925b), que de alguna manera sirve de continuación a "Fantasía y cálculo". En este caso, los autores se centran en la relación entre el número, la geometría y la eficacia estética: explican que el número nos pone "De acuerdo con las leyes del universo" permitiéndonos así "Descubrir el camino de la verdadera tradición artística". Y califican de absurdos los intentos de rejuvenecer viejos estilos: "Un nuevo método de construcción exige formas nuevas (…) no se puede forzar impunemente una estructura adaptándola a las arbitrarias exigencias de un estilo cualquiera". Nuevamente, sustentan sus afirmaciones con imágenes: comparan al Palacio Barolo con los silos americanos. El pie de foto de la obra de Palanti critica que "La estructura en cemento armado, que exige formas propias, netas, simples, ha sido forzada y adaptada arbitrariamente a las absurdas exigencias de un 'estilo'". El pie de foto de los silos americanos, por el contrario, explica que "Las formas geométricas simples como las de un templo griego, son consecuencias directas del cálculo". Este último caso, entienden, deviene de un "Procedimiento lógico" y da indicios "De un gran estilo en formación". Entonces, ambas imágenes presentadas por Vautier y Prebisch hablan de estilos. En una, el estilo representa algo negativo: en la búsqueda de que el Barolo se enmarque dentro de un "estilo" determinado, las formas propias del hormigón armado son reemplazadas por formas forzadas. En la otra, el estilo representa la posibilidad de un nuevo horizonte relacionado con las matemáticas y las formas geométricas simples.

Siguiendo con esta línea, Vautier y Prebisch publican el 25 de septiembre de 1925 una nota titulada "Arte Decorativo, Arte falso" (1925c) en la cual transcriben una entrevista realizada al arquitecto Auguste Perret respecto de la Exposición de Artes Decorativas que se estaba desarrollando en París. Las declaraciones del arquitecto coinciden en muchos puntos con las críticas y propuestas que los autores venían publicando en artículos anteriores. Así, Perret opina que "hay que suprimir el Arte Decorativo", se pregunta "Quién ha acoplado estas dos palabras: arte y decorativo" y afirma que "Es una monstruosidad". En coincidencia con lo explicado por Vautier y Prebisch en el artículo anterior, respecto del material siendo forzado para que la construcción se enmarque dentro de un determinado estilo, el arquitecto francés critica que "Con el pretexto de hacer arte decorativo, se pone adornos en todas partes, y hasta se llega a esculpir las columnas (…) ¡Como si una columna tuviera necesidad de ser decorada!". Y agrega: "Ni los egipcios, ni los griegos, ni los artesanos de la Edad Media, hubieran cometido tamaña falta de gusto". Nuevamente, en este caso, un estilo toma protagonismo: el artículo es, en líneas generales, una crítica al "Arte Decorativo".

Ahora bien, Vautier y Prebisch no son los únicos que escriben en *Martín Fierro* sobre cuestiones relacionadas al arte y la arquitectura y tampoco son los únicos que critican al mencionado "estilo". Por ejemplo, el 17 de octubre de 1925 se publica una nota escrita por Oliverio Girondo y titulada: "Cuidado con la arquitectura". En la misma, y con un tono definidamente crítico, Girondo pone sobre la mesa por un lado cuestiones tales como la falta de necesidad del uso de las cornisas en los edificios, que tienen "La misma razón de ser que tendría una oreja, sin oído, en medio de nuestra frente" y por otro, las limitaciones que imponen las escuelas de arquitectura a la capacidad de sus estudiantes de advertir que existen nuevos elementos arquitecturales (que sí pueden ser advertidos por "cualquier palurdo"). Luego, el autor se pregunta: "Pero, ¿Tiene esto algo que ver con un 'verdadero' arquitecto? ¿Existe, acaso, alguna relación entre un automóvil, un puente y la 'verdadera' arquitectura?". La respuesta es ciertamente irónica:

> "En la escuela no se trata de semejantes cosas. Allí se aprende a diferenciar el dórico del jónico, el renacimiento del barroco (…) no pretendamos que recuerden que, con cornisas y arcos, se resolvieron problemas de resistencia que carecen de toda razón de ser construcciones cuyos esqueletos de hierro los hacen innecesarios (…) La belleza arquitectónica, a fin de cuentas, ¿no es, principalmente, ornamental?" (Girondo, 1925).

Girondo toma como ejemplo la sala de arquitectura del salón del Retiro, diseñada, según él, en base a los principios de la *École de Beaux Arts*. Para el autor, los proyectos que siguen tales principios son irrealizables y su única cualidad "Reside en que jamás –¡lo quiera Dios!– serán llevados a la práctica". Define a sus frentes como "¡fachadas en que la viruela de la decoración florece de tal modo que consigue hacernos dudar de la existencia de la vacuna!". Pero admite que tales proyectos no son peores (ni mejores) que aquellos llevados a cabo por la mayoría de los arquitectos. Sin embargo, explica Girondo, hay excepciones: Vautier y Prebisch son un ejemplo de ello. Siendo discípulos de Loos, Perret y Le Corbusier (los "precursores del nuevo sentido arquitectónico") Vautier y Prebisch "saben que un estilo no nace por generación espontánea (…) sino debido a un proceso lento de compenetración con la vida, y de la utilización racional de los elementos".

El Mundo

El sábado 19 de octubre de 1929 se publica, por primera vez en *El Mundo*, una sección dedicada a la arquitectura, "La casa que usted necesita", firmada por los arquitectos Ianuzzi y De Biasi. En esta primera publicación, titulada "Proyecto de vivienda económica" (1929a), los autores explican cuál es el principal objetivo de la sección que se publicaría todos los sábados: "(…) Darles ideas y normas para que su futuro hogar –la mitad de la vida de un hombre– no carezca de ninguna de las ventajas y comodidades que la civilización ha ido creando". Es decir, pretenden ayudar a que el lector pueda materializar la casa que desea. La publicación incluye también una subsección, el "Consultorio Técnico", destinada a responder preguntas puntuales enviadas por los lectores.

Con respecto al público al cual pretenden llegar, los autores explican que su intención es brindar propuestas que sirvan para que obreros y empleados puedan construir viviendas modestas pero confortables. Para ello, no solo van tratando temas puntuales y describiendo los proyectos que presentan sino que, además, en cada publicación se pueden encontrar las plantas, vistas y cortes correspondientes a cada propuesta.

Entonces, la sección está enfocada en cuestiones arquitectónicas, pero los autores casi no hablan de estilos. El vocabulario que

utilizan Ianuzzi y De Biasi para referirse a temas relacionados con
la arquitectura no es un vocabulario académico. Por el contrario,
los arquitectos buscan palabras del día a día, términos que puedan
ser comprendidos por el público al que pretenden llegar. Así, por
ejemplo, aunque en el nombre de la sección se utiliza la palabra
"vivienda", en los artículos, en general, aparece la palabra "casa" o
incluso "casita" (1929b). Algo similar sucede con los adjetivos que
utilizan, normalmente intentan que los mismos sirvan para que el
lector pueda crear imágenes mentales determinadas, aún cuando
no sean adjetivos que normalmente se apliquen a los elementos a
los cuales se están refiriendo. Por ejemplo: "Siempre debe procurarse armonizar los muebles a la decoración del ambiente, pres-
cindiendo de la nota chocante, por ser pesada y dañina" (1929c).

Son pocos los momentos en que los autores hacen mención a
algún estilo y en tales casos, no profundizan en la cuestión estilís-
tica. Por ejemplo, en la subsección publicada el 2 de noviembre de
1929, titulada "El sentido que debe regir en los muebles" (1929c)
Ianuzzi y De Biasi explican que "El arte moderno en muebles nos
presenta un variado surtido, que se adapta fielmente a su destino",
y aclaran que se busca más la practicidad que la belleza pero que
en esta búsqueda "(…) Radica una esencia, hasta ahora desconocida en las artes decorativas". Luego, pasan a explicar por qué consideran que es preferible, en la época en que viven, tener muebles
cómodos y sobrios, de líneas puras y no de líneas rebuscadas, altos
y pesados. Pero no vuelven a nombrar ni al arte moderno ni a las
artes decorativas. La mención que hacen de aquellos en un principio pareciera ser un modo de introducir los temas de la comodidad y la sobriedad en los que pretendían enfocarse posteriormente.
Entonces, aunque apenas se mencionen los estilos, en el artículo
se intentan legitimar ciertas nociones de reducción estética, de lo
funcional por sobre lo decorativo.

Ahora bien, resulta llamativo que por fuera de esta sección y durante esta misma época, aparezcan, en *El Mundo*, ocasionales menciones a estilos arquitectónicos. Por ejemplo, el 10 de abril de 1928, se publica una noticia centrada en la construcción de una "casa monumental" en donde anteriormente había una construcción "Art-nouveau". En este caso, se habla de estilos con un fin crítico, quien escribe el artículo habla del Art Nouveau con el fin de establecer su postura respecto a los edificios que se consideran dentro de dicha categoría en oposición a una construcción más "sobria": "La construcción 'art-nouveau' de ayer –arte en desuso hoy, para el beneficio de la comodidad y el buen gusto– ha sido suplantado por la sobria casa monumental, seguridad de lo que ya puede la ciudad, y ejemplo de lo que va siendo en su desarrollo extraordinario" (*El Mundo*, 1928).

Otro artículo, publicado en *El Mundo* en 1932 y que hace referencia a un estilo arquitectónico determinado, se titula: "Un moderno y monumental edificio reemplazará al viejo mercado del plata". La noticia cuenta con dos subtítulos. El segundo, "De tipo monumental", que sirve de cierre y contiene la explicación respecto de cómo será el edificio, comienza: "La construcción general del edificio será absolutamente moderna y responde al tipo monumental". Luego se enfoca en cuestiones tales como que el edificio contendrá incinerador de basuras y montacargas para camiones. El estilo se menciona al pasar. No hay ningún tipo de profundización por parte de quien escribe respecto a qué se refiere cuando habla de una construcción moderna y de tipo monumental. El único modo en que el lector puede hacerse una idea de cómo será el edificio es a través de una imagen del proyecto existente para la reconstrucción.

Crítica

La sección "La arquitectura moderna" de *Crítica* resulta un caso similar, en lo que a referencias a estilos respecta, al de la sección

"La casa que usted necesita" de *El Mundo*. Los artículos incluidos en este apartado de *Crítica* –que comenzó a publicarse también en 1929– suelen centrarse en describir alguna obra de arquitectura recientemente inaugurada, y luego detallar quiénes han participado en su proceso de construcción. El principal objetivo de estas publicaciones es ofrecer al ingeniero, al arquitecto, al constructor y al propietario, una guía de los contratistas más expertos de cada ramo, facilitando así el proceso de selección de los diversos gremios (*Crítica*, 1929a).

Desde un principio es posible notar diferencias entre los objetivos y el público al cual se dirigen las secciones "La arquitectura moderna" de *Crítica* y "La casa que usted necesita" de *El Mundo*. En primer lugar, mientras la primera no sólo dialoga con los propietarios sino que principalmente lo hace con los ingenieros, arquitectos y constructores, la segunda se dirige explícitamente a "obreros y empleados". En segundo lugar, ambas secciones difieren en cuanto a sus objetivos. "La casa que usted necesita" brinda a los lectores modelos de casas prediseñadas y responde a preguntas frecuentes o explica cómo resolver problemas frecuentes. "La arquitectura moderna", en cambio, describe obras ya realizadas y brinda la información respecto de quiénes han sido los responsables de la construcción de las mismas.

Resulta curioso que ambas secciones se publiquen por primera vez en el mismo mes y el mismo año y ambas configuren los primeros apartados dedicados de algún modo a la arquitectura en sus respectivos diarios. Pero más allá de estas coincidencias, no es posible encontrar otras similitudes notorias entre las secciones. Las diferencias más evidentes entre ellas, más allá del público y los objetivos, tienen que ver con los autores. "La casa que usted necesita" está firmada por los arquitectos Ianuzzi y De Biasi, quienes al escribir, lo hacen en primera persona, en un tono que podría entenderse como más bien informal y haciendo referencia directa al lector: "El proyecto que presentamos se ha estudiado casi al solo objeto de satisfacer varios pedidos coincidentes de personas interesadas en el proyecto N°3 (...) Y esto, creemos haberlo conseguido" (Ianuzzi y De Biasi, 1929d). Por el contrario, la sección "La arquitectura moderna" no está firmada por el autor y son pocos los momentos en que se puede identificar el uso de la primera persona del plural. Sin embargo, en tales casos, aún se percibe una mayor formalidad que en el modo de escribir de los autores de "La casa que usted necesita".

Entonces, haciendo foco ahora en la cuestión de los estilos dentro de la sección "La arquitectura moderna" de *Crítica*, la primera observación se relaciona con su título: la sección dedicada a la arquitectura tiene el mismo nombre que la de la revista *Martín Fierro*. Al ser *Martín Fierro* anterior, podría pensarse que *Crítica* está retomando el título de la sección de la revista. Sin embargo, mientras en *Martín Fierro* existían claras referencias y descripciones respecto de tan amplio concepto pero que para ciertos entendidos, y a grandes rasgos, configura un estilo arquitectónico, en la primera publicación de la sección de *Crítica* no hay explicación alguna respecto a qué se entiende por "Arquitectura Moderna". A diferencia del valor y el lugar que se le da, de modo explícito, a la "Arquitectura Moderna" en la revista *Martín Fierro*, en *Crítica*, normalmente, el concepto pasa más desapercibido.

En general, es posible encontrar menciones directas a la "Arquitectura Moderna" en ciertas notas pertenecientes a la sección, pero en tales casos, no se profundiza mucho en lo que al significado de la categoría respecta. Por ejemplo, el artículo publicado el sábado 19 de octubre de 1929 y titulado "La nueva obra de Ferruccio Corbellani, es digna del mejor elogio" establece que "(...) Las necesidades de la vida moderna [y] el febril dinamismo (...)

han de encontrar indudablemente en esa verdadera obra de la arquitectura moderna, las comodidades apetecibles" (*Crítica*, 1929b). Quien escribe el artículo, que se centra en una casa de renta ubicada en la calle Bartolomé Mitre, se ocupa de describir la obra desde distintas perspectivas y, en muchos casos, hace juicios de valor tales como: "Esta magnífica casa de renta en la que no se sabe qué admirar más, si la acertada disposición de sus dependencias o la belleza singular de su fachada" o "Ninguna columna afea ni roba espacio a los salones". Entonces, aún cuando no se vuelve a mencionar estilo arquitectónico alguno, existe, al igual que en las notas de *El Mundo*, un mensaje sutil a favor de la búsqueda de comodidad por sobre la búsqueda estética. Y si bien el modo y la intensidad en que se transmite el mensaje difieren, es posible observar que las posiciones estéticas sostenidas por *Crítica* coinciden con las de *Martín Fierro*. Esto puede deberse al hecho de que varios martinfierristas escriben en ese diario.

Sur

La revista *Sur* aborda la cuestión de los estilos arquitectónicos de un modo similar al de *Martín Fierro*. En general, el estilo, a diferencia de lo que sucede en los diarios analizados, no es nombrado al pasar sino que adquiere un mayor protagonismo.

Victoria Ocampo escribe en el primer número de *Sur* un artículo titulado "La aventura del Mueble" (1931) donde es posible advertir esto. En él (al igual que en la nota publicada en 1926 en *Martín Fierro*, "La arquitectura y el mueble"), la autora expone la necesidad de que los muebles así como la arquitectura se adapten a las necesidades y posibilidades de la época. Para sustentar sus ideas, Ocampo se apoya en una conversación que había mantenido con Rabindranath Tagore: al salir de una "Casa en extremo lujosa, cuyos muebles y bibelots provenían de los más célebres anticuarios", ella le pregunta a Tagore si le había gustado la casa y él responde que no, debido a que estaba llena de cosas sin sentido. Entonces Victoria Ocampo ríe, cuenta, pensando en "El vientre ya para siempre inútil, vacío y apolillado de las cómodas Luis XIV; en la fragilidad encantadora de las *bergére* Luis XVI, esas que es menester cuidar como a cardíacos; en las vírgenes del siglo XVI perdidas en salones donde nadie reza". Ocampo se muestra defraudada por el tratamiento que se ha dado a los interiores de Nueva York:

> "En Nueva York, uno se siente defraudado al constatar que los interiores de esa ciudad no responden generalmente a ningún sentido de lo moderno. Los hoteles y algunas casas privadas que visité están amuebladas según el molde europeo (Chippendale, Queen Ana, los Luises, etc.)" (Ocampo, 1931).

Para la directora de Sur los interiores neoyorquinos no serían tan "banalmente europeos" si los norteamericanos los hubieran pensado con la misma sinceridad con que diseñaron sus rascacielos: la belleza de los rascacielos nace de una necesidad.

Otro personaje que ha publicado artículos en la revista *Sur* y que da en su discurso particular importancia a los problemas estilísticos es el arquitecto alemán Walter Gropius. En "Arquitectura Funcional" (1931), nota publicada en la *Sur* Nº 3, Gropius explica que la arquitectura europea, agobiada por las tradiciones y ante el importante desarrollo de la técnica moderna, ha perdido su valor. En cambio, "América es más afortunada": al no contar con "estilos tradicionales" propios –obstáculos, para él– es más libre para crear una arquitectura que se adapte a su época. Esto siempre y cuando, aclara Gropius, América pueda prescindir del *"imported from Europe"*, de "La sombra de estilos que perdieron su frescura y su razón de ser". De aquí que el artículo se centre en la "Arquitectura Funcional".

Gropius afirma que se ha cerrado un período en el cual la arquitectura era vista como una cuestión sentimental, entendida exclusivamente desde lo estético y lo decorativo. En ese contexto, el arquitecto, el artista, se había vuelto prisionero de convencionalismos que hicieron que fuera perdiendo "El sentido de la estructuración de los edificios y de las cosas". Pero "Esta evolución formalista, reflejada en los múltiples 'ismos' que se sucedieron durante el último decenio" ha llegado a su final. El autor entiende que está creciendo un nuevo concepto, centrado en nuevos medios técnicos y cuya consecuencia es una nueva forma arquitectónica, que no se justifica por sí misma sino que nace de la función que ha de cumplir; "De aquí la expresión arquitectura funcional".

Entonces, gran parte de las ideas expuestas por Gropius necesitan referirse a estilos para sustentarse: desde la crítica a los estilos tradicionales que han servido de obstáculo a la arquitectura europea hasta el concepto de *"Arquitectura Funcional"*.

Conclusiones

Para concluir resulta necesario, en primer lugar, realizar una salvedad respecto de los receptores de las diferentes publicaciones analizadas. Es cierto que ninguna de ellas está destinada a un público específico en lo que a arquitectura se refiere. Sin embargo, después de estudiar a quién pretenden realmente llegar y cuáles son sus objetivos, es preciso dejar en claro que si bien los diarios analizados sí quieren alcanzar un público masivo (que claramente no tiene por qué estar interiorizado en cuestiones relacionadas con lo artístico), las revistas, en cambio, van en busca de un público más "sensible", capaz de comprender ciertas cuestiones que abarcan el mundo del arte en general. *Sur* y *Martín Fierro* no son revistas para arquitectos exclusivamente, pero sí tratan ciertos temas que están destinados a arquitectos o a conocedores del mundo de la arquitectura en general. Entonces, es posible que su público sí esté al tanto de las categorizaciones utilizadas en el mundo artístico.

La principal diferencia, entonces, entre los diarios y revistas analizados, y que podría ser causa de las distinciones a la hora de hablar de estilos, tiene que ver con el público. Claro está que si los diarios buscan llegar a un público masivo, si pretenden que sus artículos puedan ser comprendidos por cualquiera que los lea, entonces la utilización de categorías artísticas –que requieren un conocimiento previo– se vuelve innecesaria. Puede suceder, tal como se ha demostrado, que alguno de estos diarios sí mencione algún estilo, pero en tal caso, lo hacen de modo sutil, sin darle mucho protagonismo, y en general se utilizan a modo de introducción para luego hacer foco en otras cuestiones.

Ahora bien, a simple vista se podría pensar que son las revistas analizadas y no los diarios las que, de algún modo, están intentando institucionalizar ciertas ideas arquitectónicas, especialmente a favor de lo que llaman el "Arte Moderno" y en detrimento del "Arte Decorativo". Esto parecería ser así, simplemente porque, tal como explica José Gabriel Romero, tanto *Martín Fierro* como *Sur* hacen evidente su colaboración en el proceso de difusión y propaganda de la arquitectura moderna y las vanguardias artísticas de la época. Sin embargo, a partir de los diversos artículos analizados, es posible confirmar que *El Mundo* y *Crítica* emiten también un mensaje a favor de una arquitectura más funcional y menos decorativa. En última instancia, todas las publicaciones estudiadas intentan legitimar la idea de "Arquitectura Moderna", de que los lectores se habitúen a la misma.

Pues toda actividad humana está sujeta a la habituación. Para Berger y Luckmann (1966, 74, 76, 122), "La institucionalización aparece cada vez que se da una tipificación recíproca de acciones habitualizadas por tipos de actores". Dentro de este proceso entra en juego también lo que los autores llaman legitimación, que explica y justifica el orden institucional, "Atribuyendo validez cognoscitiva a sus significados objetivados". En la búsqueda de estos diarios y revistas de enviar un mensaje respecto a lo que llaman la "Arquitectura Moderna", podría pensarse que se dan intentos de legitimación simbólica cuando aún no se ha dado una habituación.

De un modo u otro, lo que los medios exigen es diluir un imaginario relacionado principalmente con lo que entienden como arte decorativo. Hay un mensaje común en lo referente al arte y particularmente a la arquitectura, aunque se advierta una diversidad derivada de que *Martín Fierro* y *Sur* por un lado, y *Crítica* y *El Mundo*, por el otro, actúan dentro de zonas institucionales diferenciadas.

Podría decirse entonces que los matices en el modo de transmisión de los mensajes responden, en primer lugar, al público, y en segundo lugar, a la lucha que se da en el propio campo intelectual. Tal como explica Pierre Bourdieu (1981, 11):

"El campo intelectual, a la manera de un campo magnético, constituye un sistema de líneas de fuerza: esto es, los agentes o sistemas de agentes que forman parte de él pueden describirse como fuerzas que, al surgir, se oponen y se agregan, confiriéndole su estructura específica en un momento dado del tiempo".

Dentro de un campo intelectual, pueden darse diversas luchas. No todas las fuerzas van en una misma dirección. El intelectual, como explica Bourdieu, en la medida en que forma parte de un determinado campo, comparte con aquellos con los que se comunica y a quienes se dirige, un código común: "Temas y problemas a la orden del día, formas de razonar, formas de percepción, etc." (1981, 32, 33). Los estilos arquitectónicos podrían configurar uno de estos códigos: por ello, *Martín Fierro* y *Sur* los utilizan como una herramienta más frecuente, mientras que *El Mundo* y *Crítica* se valen de otros recursos para transmitir sus ideas en relación con la arquitectura.

Bibliografía

ALTAMIRANO, C., SARLO, B. (1980). "La Argentina del Centenario: Campo intelectual, vida literaria y temas ideológicos". En: *Hispamérica*. Abr.-Ago., 1980. Buenos Aires, Argentina.

BERGER, P., LUCKMANN, T. (1966 [2003]). *La construcción social de la realidad*. Buenos Aires, Argentina: Amorrortu editores.

BOURDIEU, P. (1981). *Campo de poder, campo intelectual*. Buenos Aires, Argentina: Quadrata.

Crítica. (1929a). "Hoy se inaugura 'El Lido'".12/10/29. Sección "La arquitectura moderna". Buenos Aires, Argentina.
——— (1929b). "La nueva obra del arquitecto Ferruccio Corbellani, es digna del mejor elogio". 19/10/1929. Sección "La arquitectura moderna". Buenos Aires, Argentina.

El Mundo. (1928) "La capital plantea cada día un nuevo problema urbano". /04/28. Buenos Aires, Argentina.
——— (1932). "Un moderno y monumental edificio reemplazará al viejo mercado del plata". Buenos Aires, Argentina.

Foucault, M. (1966 [2011]). *Las palabras y las cosas, una arqueología de las ciencias humanas*. Buenos Aires, Argentina: Siglo Veintiuno Editores.

Girondo, O. (1925). "Cuidado con la arquitectura". En: *Martín Fierro*. 17/10/1925. Buenos Aires, Argentina.
——— (1924). "Manifiesto de 'Martin Fierro': periódico quincenal de arte y crítica libre". En: *Martín Fierro*. 15/05/24. Buenos Aires, Argentina.

Gropius, W. (1931). "Arquitectura Funcional". En: *Sur*. 1931. Buenos Aires, Argentina.

Gutiérrez, L. y Romero, L. A. (1986). *La cultura de los sectores populares en Buenos Aires, 1920-1945*. Buenos Aires, Argentina: PEHESA-CISEA.

Ianuzzi y De Biasi. (1929a). "Proyecto de vivienda económica". En: *El Mundo*, 19/10/1929 Sección "La casa que usted necesita". Buenos Aires, Argentina.
——— (1929b). "Proyecto de vivienda económica N°3". En: *El Mundo*, 02/11/1929. Sección "La vivienda cómoda y barata". Buenos Aires, Argentina.
——— (1929c). "El sentido que debe regir en los muebles". En: *El Mundo*, 02/11/1929. Sección "La vivienda cómoda y barata". Buenos Aires, Argentina.
——— (1929d). "Proyecto de vivienda económica n°5". En: *El Mundo*, 16/11/1929. Sección "La vivienda cómoda y barata". Buenos Aires, Argentina.

Kant, I. (1790 [1876]). *Crítica del juicio*. Madrid, España: Librerías de F. Iravedra.

Ocampo, V. (1931). "La aventura del Mueble". En: *Sur* (1931). Buenos Aires, Argentina.

————— (1946). *Sur, Revista Hispánica Moderna*. (1946). Buenos Aires, Argentina.

————— (1966/67). "Vida de la revista 'Sur'. 35 años de una labor". En: *Sur*, (1967). Buenos Aires, Argentina.

————— (1971). *Testimonios, Octava Serie*. Buenos Aires, Argentina: Editorial Sur.

PEREC, G. (2008). Pensar/Clasificar. Barcelona, España: Gedisa.

ROMERO, J. G. (2000). Alberto Prebisch. Arte y Arquitectura en Martín Fierro. Chaco, Argentina: UNNE.

SAÍTTA, S. (2013). *Regueros de tinta, el diario Crítica en la década de 1920*. Buenos Aires, Argentina: Siglo Veintiuno Editores.

————— (1987). *El diario El Mundo*. Buenos Aires, Argentina: Mimeo.

SARLO, B. (1988 [2007]). *Una modernidad periférica: Buenos Aires 1920-1930*. Buenos Aires, Argentina: Nueva Visión.

————— (1982). *Vanguardia y Criollismo: la aventura de Martín Fierro. Revista de Crítica Literaria Latinoamericana*. Buenos Aires, Argentina.

VAUTIER, E. y PREBISCH, A. (1925a). "Fantasía y Cálculo". En: *Martín Fierro*, Año 2 N°19. 18/09/1925. Buenos Aires, Argentina.

————— (1925b). "Hacia un nuevo estilo". En: *Martín Fierro*, 05/08/25. Buenos Aires, Argentina.

————— (1925c). "Arte Decorativo, Arte falso". En: *Martín Fierro*, Año 2 N° 23 (25/09/25). Buenos Aires, Argentina.

————— (1926). "¿Arte Decorativo?". En: *Martín Fierro*, 03/09/26. Buenos Aires, Argentina.

VIÑAS, D. (1974). *De Sarmiento a Cortázar: literatura argentina y realidad política*. Buenos Aires, Argentina: Ediciones Siglo Veinte.

RAÚL HORACIO CAMPODÓNICO

Proceso de institucionalización de la industria cinematográfica. Configuraciones inaugurales

La actividad cinematográfica puede ser analizada como un intenso, dinámico y complejo proceso de institucionalización, en el marco del cual se redefinen en sucesivos momentos no sólo las características de los espacios de exhibición, las salas, sino también los rasgos compositivos de las tipologías de personajes y espacialidades representadas sobre el celuloide. Tomando como objeto de estudio la experiencia cinematográfica norteamericana, el presente trabajo orienta su accionar hacia una reconstrucción reflexiva de dicho proceso, tomando como apoyatura teórica los desarrollos desplegados en torno a las nociones de "institución" e "institucionalización", ya por Peter L. Berger y Thomas Luckmann (1966), ya por Cornelius Castoriadis (1975).

Las versiones canónicas de la historia del cine norteamericano proponen un relato que, de modo paralelo, llevan el abordaje del desarrollo económico del medio (las instancias comerciales de producción, distribución y exhibición) en simultaneidad (no articulada) con el desarrollo del canon narrativo; es decir, del modelo narrativo cristalizado en la obra de David W. Griffith.

El paso de la experiencia de los denominados pioneros a la etapa madura (Paolella, 1967; Hampton,1970; Jacobs, 1971; Bordwell, Staiger y Thompson, 1997), describe por un lado el despliegue industrial del medio y su arrasadora capacidad de convocatoria, en paralelo a los avances del lenguaje cinematográfico, naturalizando que dicho avance se cifraba en el progresivo delineamiento de las estrategias narrativas de continuidad, transparencia e invisibilización de la materialidad fragmentaria del medio, subrayando la eficacia de dicha estrategia para suscitar en los espectadores intensos momentos de identificación y proyección con las escenas plasmadas en la pantalla.

Por su parte, el teórico e historiador del cine Noël Burch (1987), a lo largo de su emblemático ensayo *El tragaluz del infinito*, ha dado ingreso a las nociones de "institución" e "institucionalización" enmarcando el desarrollo y caracterización de su proceso constitutivo en un riguroso abordaje narratológico, desplegado sobre las diferencias formales del denominado cine "primitivo", denominado por este autor "Modo de Representación Primitivo" o M.R.P. y el modelo narrativo clásico, "Modo de Representación Institucional" o M.R.I., otorgando visibilidad al proceso de entronización hegemónica de este último en la gran industria.

Entre lo que ha quedado invisibilizado por estos trabajos, lo que más convoca nuestra atención a la hora de reconstruir dicho proceso es que la institucionalización (desde la perspectiva de Berger y Luckmann) conllevó un primer movimiento de adecuación, doble y simultáneo, entre 1896 y 1908, en el que hemos podido distinguir las siguientes dos fases que se desarrollan a continuación.

Penny-Arcades

Un primer momento de irrupción e instalación del nuevo medio (localizado entre 1896 y 1903, aproximadamente), donde, en paralelo a la intensa producción, se lleva a cabo una singular búsqueda y experimentación con las más diversas locaciones para materializar su exhibición, arribándose a una primera *habituación* al nuevo medio de comunicación, ya desde los sectores de la producción, como también los de la exhibición y el público consumidor:

> "Toda actividad humana está sujeta a la habituación. Todo acto que se repite con frecuencia, crea una pauta que luego puede reproducirse con economía de esfuerzos y que ipso facto es aprehendida *como* pauta por el que la ejecuta. Además, la habituación implica que la acción de que se trata puede volver a ejecutarse en el futuro de la misma manera y con idéntica economía de esfuerzos. Esto es válido tanto para la actividad social como para la que no lo es" (Berger y Luckmann, 1966, 74).

Más allá de ciertas experiencias previas donde se combinaron la exhibición de películas con espectáculos en vivo (barraca de feria, *varietés*, *vaudeville*, *music-hall*, etc.), se trata de la primera oportunidad en que tiene lugar la articulación de este tipo de producción y el público, a través de los espacios de exhibición.

En este sentido, los *penny-arcades* (precarios espacios de exhibición en los que cada espectador acomodaba su silla en el sitio que más le gustase, dentro de las escuetas disponibilidades), con una entrada a precio de U$S 0,10, son instalados inicialmente en centros urbanos, para rápidamente pasar a desplegarse por todo el territorio norteamericano. En esta primera época, los *penny-arcades* concentraron una concurrencia de público conformada mayoritariamente por inmigrantes, procedentes de humildes sectores trabajadores.

En directa articulación, el historiador Lewis Jacobs ha subrayado que los contenidos argumentales plasmados durante esos primeros años, operaron como:

"(…) Un estimulante y un correctivo al modus vivendi del país. Aparte de ofrecer a los ciudadanos la ocasión de reunirse, y suscitarles ideas y sentimientos, el cine informa al público y estimula su fantasía. En un momento en que la inmigración estaba en su apogeo (1902-1903), muchas películas enseñaron a los recién llegados el respeto por las leyes [norte]americanas y el orden, la comprensión de la organización civil y el orgullo de sentirse ciudadanos [norte]americanos (…) los espectadores se impresionaban vivamente con lo que veían en la pantalla: lo consideraban la realidad misma, y el cine iba acuñando un enorme poder persuasivo. Revelaba a los inmigrados, los pobres y los campesinos aislados, la topografía social de [Norte]América con una inmediatez desconocida para cualquier otros medio de expresión" (Jacobs, 1971, 33).

En este contexto, tuvo lugar la conformación de las primeras tipologías de personajes, las cuales se vertebraron tomando como horizonte el sistema de valores imperante en los segmentos medios con aspiraciones de ascenso social, en cuya fisonomía se va delineando una dominante presencia de actores sociales institucionales:

"Las incidencias improvisadas y las breves escenas de variedades que ocupaban la pantalla antes que se descubrieran las posibilidades narrativas del cine, revelaban el perfil de esos años con el rigor y la exactitud de los más precisos documentos históricos. En aquellos breves films, las ideas, las aspiraciones y las conquistas sociales de la época adquirían una expresión animada. Las aventuras, la pornografía, los cuentos de hadas, los espectáculos religiosos y las farsas bufonescas que llenaban los films testimonian la limitada capacidad de discriminación y la ingenuidad del público cinematográfico de entonces. El personaje principal de las películas cómicas y de aventuras era siempre el hombre o la mujer, de tipo medio: el agricultor, el bombero, el policía, el ama de casa, la mecanógrafa, el camarero, el empleado, el cocinero, el campesino o la vieja criada. La elección de estos personajes estaba motivada por el hecho de que los espectadores y realizadores de films pertenecían a idéntica clase social y el interés por el hombre medio aumentaba continuamente. Como señalaba Mark Sullivan, 'la ascensión del hombre medio constituía, en 1900, tema de atención y discusión constantes'" (Jacobs, 1971, 41).

Las principales productoras cinematográficas de este primer período fueron la Edison, la Biograph y la Vitagraph, todas ellas instaladas en áticos provistos de luminosas claraboyas o en las terrazas de los edificios altos. Las productoras menores, representadas por los sellos Selig, Lubin, Kalem y Essanay, dado el escaso presupuesto con que contaban para cada film, sustanciaban los rodajes en las calles de la ciudad, en los senderos del campo y en los parques públicos.

De modo paralelo, la conformación de tipologías fue ampliando su pasarela, incorporando al vagabundo. En la edición del 10 de febrero de 1900, el semanario *Leslie's Weekly* puntualizaba: "El ejército de pobres de Nueva York sobrepasa las 100.000 personas; resulta más numeroso que la población de muchas ciudades importantes e, incluso, sobrepasa la de algunos de nuestros estados". La serialización cinematográfica de la tipología del vagabundo fue inaugurada por la productora Edison, a través de los personajes de Happy Hooligan y Weary Willie. En este sentido, Jacobs apunta que "Los valores y las normas de la vida social [norte]americana desde la indumentaria hasta la posición social se iban reflejando, y no siempre inintencionadamente" (Jacobs, 1971, 45). El *Catálogo*

Edison de 1901 describe el desarrollo argumental de *Weary Willie in the Park* en los siguientes términos:

> "Un banco casi completamente ocupado por señores y señoras elegantes. Se acerca un vagabundo mugriento y maloliente y se sienta en un extremo del banco. Inmediatamente, la señora que está a su lado, se levanta y se va. El vagabundo avanza ligeramente y poco a poco todos los elegantes que estaban sentados en el banco se marchan, hasta que le queda todo el asiento para él sólo".

Jacobs agrega con precisión:

> "En este film se decía claramente, aunque con criterio humorístico, que un vagabundo era un desecho de la sociedad. Y si el film halagaba a los espectadores insinuándoles vagamente que eran superiores a Willie, reforzaba, por otro lado, su propósito de no caer nunca tan bajo. La diferencia entre el aspecto del 'mugriento vagabundo' y el de los 'señores y señoras' debía, aunque fuera un elemento secundario en la anécdota, servir de ejemplo" (1971, 45).

A lo señalado por Jacobs (y a efectos de nuestro foco de análisis), podemos agregar que ya desde sus inicios, las tramas de estos breves films hacen explícita la puesta en acto de una disputa por la espacialidad, sustentada en la vertebración dramática de un "otro" invasivo.

El desarrollo del canon narrativo vertebrado por Griffith entre 1908 y 1914, imprimirá una profunda y eficaz dinámica expresiva a esta visión de mundo binarizada, generando y articulando los más diversos procedimientos narrativos que habiliten la construcción de una espacialidad constantemente asediada, en base a la cual se naturalizará un principio de exclusión dramático-narrativo para las tipologías invasoras.

Nickel-Odeons

Entre 1903 y 1908 tiene lugar la primera gran transformación que experimenta la actividad cinematográfica, mutando de pequeño comercio a gran empresa comercial, con apoyatura en tres desarrollos simultáneos y articulados: la introducción del sistema de cambios en la distribución, que impactó en la agilización de las funciones y en la rotación de títulos, la creación de las primitivas salas cinematográficas, y la ampliación de la demanda de películas, que incrementó las ganancias y el crecimiento de las empresas productoras.

La aparición en la escena comercial de la figura del alquilador de películas, dinamizó enormemente la circulación de material, haciendo irrumpir el rubro de la distribución, inaugurado por la *Miles Brothers Exchange*. Si hasta ese momento las salas estaban obligadas a comprar las copias a los estudios productores, que, por razones de costos, obligaba a que los exhibidores intercambiaran películas, a partir del despliegue realizado por los alquiladores–distribuidores, la circulación y rotación de títulos alcanza una mayor fluidez. Hacia 1907 existían más de un centenar de distribuidoras desplegadas en 35 ciudades (Jacobs, 1971, 85).

En 1905 irrumpió en el mercado un nuevo tipo de sala de exhibición, que rápidamente disolverá la presencia de los *penny-arcades*. Se trata de los *nickel-odeons*, que se abrieron en amplios locales vacíos, a las cuales se dotó de un aspecto lujoso mediante distintos accesorios sobrantes del teatro de la ópera. Se sumó en esta etapa el acompañamiento de las películas con la ejecución de música de piano en vivo, con la pretensión de elevar el nivel del espectáculo. Pancartas de colores se colgaban en la entrada prometiendo emociones y aventuras, en tanto que los carteles luminosos complementaban la fantasía ofertada. El primer *nickel-odeon* fue inaugurado en la ciudad de Pittsburg por John P. Harris y Harry

Davis. Su apertura dio origen a un rápido e intenso reacomodamiento y crecimiento exponencial de la actividad: en menos de un año se abrieron más de 100 *nickel-odeons* en la ciudad de Pittsburg, en tanto que en las ciudades de Nueva York, Chicago, St. Louis, Cincinnati, Los Ángeles y Filadelfia hubo un frenético crecimiento del número de salas, su competencia, la demanda de películas y el número de espectadores.

Todo este proceso se dio en paralelo a la irrupción en la pantalla de los films con argumento. Si hasta 1902 las situaciones planteadas y el metraje de los films eran muy precarios y ajustados, a partir del estreno de la emblemática "Asalto y robo a un tren" (Porter, 1903) comienzan a trazarse las bases de una narrativa eficaz para jerarquizar criterios de continuidad, linealidad y transparencia, y a la vez movilizadora de la emotividad de los espectadores.

En directa articulación con el impacto de este cambio sobre la convocatoria de espectadores, la edición del 5 de octubre de 1907 del *View's and Film Index* señalaba:

"En los barrios más poblados de la ciudad, los llamados nickelodeons atraen a más gente que los saloons. Si el delirio de los nickel continúa aumentando, en pocos años estos lugares de diversión serán más numerosos que los propios saloons. Los propietarios de estos últimos aseguran que han notado una disminución notable en sus ganancias".

Hacia 1908, con marcada concentración en los suburbios, funcionaban en todo el territorio norteamericano entre ocho a diez mil *nickel-odeons*. Estos espacios de diversión congregaban a diversos núcleos de familias obreras que disfrutaban del nuevo espectáculo. Con nombres de fantasía como *Jewell's Dream, Alhaja, Dreamland, Pictorium, Theatrorioum, Electric,* estos espacios populares eran "despreciados por los ricos", según testimonia Lewis Jacobs (1971, 93).

La incesante demanda semanal de títulos por una inmensa masa de público en constante crecimiento, provocó la inmediata transformación del sector de la producción en el más importante del mercado. Las películas, de mediana calidad, dada la prisa de su factura, se vendían a precios óptimos. Una productora menor como la *Kalem*, que había iniciado sus actividades en 1906 con un capital de U\$S 600, hacia 1908 ingresaba U\$S 5.000 netos por semana, con una producción semanal de dos películas de U\$S 200 de costo cada una.

En 1906, las principales productoras (*Edison*, *Biograph* y *Vitagraph*) pasaron a adoptar lámparas con vapor de mercurio para la iluminación artificial, hecho que les hizo posible desarrollar filmaciones en interiores. Las productoras menores (*Selig*, *Lubin*, *Kalem* y *Essanay*, entre otras), al no poder hacer frente a los gastos que implicaba el empleo de luz artificial en los rodajes de interiores, continuaron filmando en las calles de la ciudad, en los senderos del campo y en los parques públicos. Estas empresas, con un presupuesto mínimo, alcanzaban a producir películas a un costo de U\$S 200, frente a los U\$S 400 o 500 invertidos por cada película en las productoras principales.

El impacto de los *nickel-odeons* en las prácticas de circulación y esparcimiento de la ciudadanía durante su tiempo de ocio desencadenó simultáneamente una profunda serie de ataques hacia la actividad cinematográfica, procedente de distintos espacios institucionales de vieja data. De acuerdo a la información compilada por Jacobs en su trabajo, uno de los primeros indicios del malestar desencadenado por la cinematografía fue plasmado en una nota editorial del *Chicago Tribune* durante abril de 1907, donde bajo el título de "Teatro de cinco centavos", clamaba por el cierre y clausura de los *nickel-odeons*, atribuyéndoles a éstos el fomentar "Los más bajos instintos de los niños", ejerciendo "una influencia absolutamente inmoral". En la misma edición, el *Chicago Tribune* publicó (a modo de complemento) la carta de un juez, en la que se precisaba: "Directamente o indirectamente los *nickel-odeons* han aumentado la delincuencia juvenil examinada por este tribunal, en una proporción muy superior a la provocada por otros estímulos". Por su parte, la publicación *Christian Leader* clamaba: "Estos espectáculos se revelan como un medio óptimo para alentar a un grupo de revolucionarios a que derroquen el gobierno".

Más allá de la virulencia de estas críticas, los hechos concretos que han documentado los trabajos de Hampton, Jacobs, Paolella y otros, terminan de caracterizar esta confrontación como una disputa por la clientela: la habitual circulación de personas por los templos religiosos, los teatros de variedades y los salones, había quedado diezmada tras la fiebre de los *nickel-odeons*. A esto se sumó el aumento de los precios de alquiler de los locales comerciales, disparados en todo el país a consecuencia de los *nickel-odeons*, cuyos empresarios llegaron a pagar alquileres que variaban entre los U$S 10.000 a los 25.000 al año, cifras imposibles de abonar por comerciantes de otros rubros.

Inmediatamente, George Kleine, ejecutivo de la ya referida *Kalem Pictures*, fue el primero en convocar la formación de asociaciones de defensa mutua entre los exhibidores, para protegerse de este tipo de ataques, hecho que colaborará en iniciar la formación y cristalización de la cohesión corporativa de la industria cinematográfica.

A pocos meses de iniciado el conflicto, desde distintas instituciones comenzaron a tenderse puentes para retomar el diálogo con la novel industria cinematográfica, lo cual colaborará en afianzar y robustecer el proceso de institucionalización de esta última. En tal sentido, en la edición del 5 de octubre de 1907 del *Views and*

Film Index, se reproducen las palabras del doctor McClellan, un célebre pastor de Filadelfia, quien señalaba:

> "Debemos dirigir nuestras miradas al trabajador y a su familia (...) reunamos diez, doce, quince mil dólares para reconstruir y ampliar nuestra iglesia (...) de forma que el sábado por la noche, cuando las calles, las casas de juego y los saloons estén más concurridos, puedan proyectarse films (...) ilustrando e interpretando (...) pasajes del Evangelio de carácter práctico (...)".

Por su parte, desde las páginas de *Harper's Weekly*, Barton W. Courrier expresaba: "Estos breves espectáculos cinematográficos pueden impartir muy saludables lecciones morales. La mayor parte presentan agitados melodramas en los que el malvado y el criminal llevan siempre la peor parte".

El inicio de esta singular conciliación dio como resultado la incorporación de las exhibiciones en varias iglesias, como también en los bares y teatros de variedades. La instancia final de legitimación vino de manos de la policía, cuando informó que la captura del criminal Rudolph Blumenthal había sido posible gracias a la identificación del mismo en las imágenes de un noticiario. Obviamente, esta alianza repercutió en la ampliación del circuito de exhibición de los films de las distintas productoras, como así también de sus ganancias.

Para evitar todo tipo de inconvenientes con la censura, las productoras corrigieron los criterios de selección de argumentos, pasando a focalizar de aquí en más en recurrir a obras literarias de prestigio, principalmente folletines decimonónicos, estableciendo un fuerte argumento de defensa ante todo tipo de ataque. En tal sentido, en las páginas de la edición del *Moving Picture World* del 29 de junio 1907, podía leerse:

"Estas películas llegan al corazón porque despiertan en la memoria de los espectadores más pobres el recuerdo de situaciones particularmente queridas. Resaltando el aspecto más positivo del alma humana y subrayando los desastrosos efectos de la mala conducta, constituyen una inestimable ayuda para la formación de buenos ciudadanos, educados con arreglo al civismo y a la moral".

A la vez, comienza a gestarse una nueva oleada de cambios, disparados por la ambición de mayores ganancias. En la edición del 29 de agosto de 1907, desde las páginas de *Moving Picture World*, su principal colaborador, W. Stephen Bush, exclame en términos imperativos:

"En cualquier lugar de Estados Unidos encontramos hoy muchas salas que han roto con el sacrosanto nickel, que ofrecen más y mejor que el Nickelodeon medio (¡que el cielo perdone a quien inventó este horrible nombre!), que ganan más haciendo pagar más y que, encima, disfrutan de una clientela de mejor calidad y más limpia".

A partir de aquí, pasa a enumerar las condiciones en las que cada exhibidor podría obtener esos resultados: "Una música mejor, mejores películas, buenos efectos escénicos, un bonito programa impreso, una marquesina artística, una publicidad inteligente, un buen comentarista" (Burch, 1987,138-139). En estos términos se preanuncia el recambio de clientela que se promoverá y sustanciará durante el ciclo comprendido entre 1908 y 1914, en directa articulación con el desarrollo y consolidación del modelo narrativo clásico. Mientras que se produce una sustitución de núcleos narrativos en el armado y diseño de los films, mediante un principio binarista de vertebración y exclusión del "otro," donde el desempeño de Griffith resulta troncal, en las salas cinematográficas se cifrará un cambio similar, rediseñándose las mismas mediante la inclusión de mayor confort, en simultaneidad al aumento de los precios de boletería, dejando fuera a los sectores sociales más vulnerables. En síntesis, la implementación de criterios de exclusión se imprimió a ambos lados de la pantalla: tanto en la construcción de los films como también en la reconfiguración de las salas de exhibición.

El fin de este período tuvo lugar en el singular banquete celebrado el 18 de diciembre de 1908 en el Hotel Plaza, momento en que se arribó a la conformación del trust denominado *Motion Pictures Patents Company* (Paolella, 1968; Burch, 1987). El mismo fue integrado por siete casas productoras norteamericanas (*Edison, Biograph, Vitagraph, Lubin, Selig, Kalem* y *Essanay*), dos francesas (*Pathé* y *Meliés*), más la *Eastman Kodak,* empresa productora de película virgen, que monopolizaba la cesión de película y equipos. El acuerdo afectó de manera negativa la economía de los exhibidores, que se vieron sometidos a mayores exigencias y requerimientos monetarios, y a las casas productoras menores, que a partir de ese momento pasaron a denominarse "independientes" e ingresaron a un terreno de abierta confrontación con el trust. Esta situación dará origen a los violentos incidentes, con varios muertos de por medio, de la denominada "guerra de las patentes" (Hampton, 1970).

Colofón

Estas diferentes y complementarias líneas de desarrollos permiten percibir la profundización y confirmación de un primer ciclo de *habituaciones* (ya en las instancias de la producción cinematográfica a través de las primeras estandarizaciones en los rodajes, ya en el vínculo y las prácticas establecidas entre las salas de exhibición y el público), como así también de las primeras *tipificaciones*:

> "La institucionalización aparece cada vez que se da una tipificación recíproca de acciones habitualizadas por tipos de actores. Dicho de otra forma, toda tipificación de esa clase es una institución (…) Las tipificaciones de las acciones habitualizadas que constituyen las instituciones, siempre se comparten, son accesibles a todos los integrantes de un determinado grupo social, y la institución misma tipifica tanto a los actores individuales como a las acciones individuales" (Berger y Luckmann, 1966, 76).

En tal sentido, es durante este primer ciclo que se cifran los pilares de la historicidad de la cinematografía norteamericana, pues:

> "(…) Las instituciones implican historicidad y control. Las tipificaciones recíprocas de las acciones se construyen en el curso de la historia compartida: no pueden crearse en un instante. Las instituciones siempre tienen una historia, de la cual son productos. Es imposible comprender adecuadamente qué es una institución, si no se comprende el proceso histórico en el que se produjo. Las instituciones, por el hecho mismo de existir, también controlan el comportamiento humano estableciendo pautas definidas de antemano que lo canalizan en una dirección determinada, en oposición a las muchas otras que podrían darse teóricamente" (Berger y Luckmann, 1966, 76).

La "guerra de las patentes" motorizó una amplia serie de cambios en la tradicional dinámica de producción: los "independientes" tuvieron que huir del trust, dados los violentos ataques padecidos por su personal técnico y artístico y sus instalaciones, y desplazarse hacia California, momento fundacional de lo que hoy se conoce como Hollywood. Esta inicial confrontación entre la *Motion Pictures Patents Company* y los "independientes" se resolverá con la derrota del trust hacia mediados de la década del diez, dejando el campo libre a los "independientes" (*Warner, Paramount, Metro, Universal,* etc.) para que capitalicen los logros del enemigo vencido y pasen a conformar un monopolio aún más poderoso.

Tal como mencionamos, será en el período comprendido entre 1908 y 1914 cuando D. W. Griffith desarrolle y consolide el diseño del modelo narrativo clásico, con marcado énfasis en la capitalización de algunos recursos narrativos desplegados por Charles Dickens en las novelas de su primer período de producción. En este sentido, resulta interesante articular las distintas informaciones desplegadas: Griffith desarrolla durante el ciclo 1908-1914 todas las experiencias que irán configurando la modelización del canon narrativo bajo contrato con la empresa *Biograph,* una de las tres productoras principales del cine norteamericano durante estos años iniciales, que también formará parte de la *Motion Picture Patents Company.* La recuperación de Dickens, más allá de una posible y subjetiva inclinación personal de Griffith, también responde a la estrategia implementada por las productoras para contrarrestar los ataques de la censura. Es decir, en directa articulación con el proceso de adecuación institucional que las productoras cinematográficas van librando en distintos frentes externos en busca de una amalgama de intereses, en el frente interno de uno de los estudios, la *Biograph,* uno de sus contratados va diseñando y calibrando una estrategia narrativa que al tiempo de celebrar las figuras y valores institucionales, consolida la identificación e implicación emotiva de los espectadores, naturalizando en tal sentido la escenificación de una espacialidad que lleva inscrito en sus parámetros de construcción un principio de exclusión del "otro". En síntesis: Griffith parece haber logrado cristalizar el diseño de un modelo narrativo que motoriza la internalización de un sistema de valores institucional en los espectadores a través de los sistemas de identificación y proyección de éstos con los personajes de la pantalla. En tal sentido, Noël Burch (1987) ha señalado:

> "El acercamiento griffthiano al crimen −el varón pequeñoburgués se defiende con éxito contra el vagabundo invasor− muestra una idealización, una ocultación de la realidad que será la regla durante más de cincuenta años, hasta el final del reinado del Código Hays" (1987, 137).

En 1909, el *People's Institute of New York*, en colaboración con la *Motion Picture Patents Company*, constituyó el primer *National Board of Censorship of Motion Pictures* para la moralización de las películas. El nombre del organismo cambió luego por el *National Board of Review* y continuó con su "Programa constructivo para el progreso y la utilidad del arte cinematográfico gracias a la colaboración de todos". Este proceso arribó a su punto de coronación en 1934, con la redacción y puesta en funcionamiento por parte de la MPPA (*Motion Pictures Association of America*) del Código Hays de censura, cuya vigencia se extendió hasta el año 1966.

Hacia 1927, las veinte mil salas de exhibición desplegadas en el territorio norteamericano eran controladas por los ex "independientes". En poco tiempo, el poder financiero pasó a tomar posición y posesión en la industria cinematográfica: la productora *Famous Players Lasky* se convirtió en *Paramount*, financiada por la banca *Kuhn Loeb & Co*; la *Goldwyn Pictures* mutó en *Metro-Goldwyn-Mayer* bajo la égida de la *Du Pont de Nemours* y el *Chase National Bank* y la *Fox* por la *Halsey Stuart & Co*. A la cabeza de la productora *Loew's Inc.* aparecieron W. C. Durant, presidente de *General Motors Corp.* y *Harvey Gibson*, presidente de *Liberty National Bank*. Para 1925, en la Bolsa de Nueva York ya se cotizaban los valores de *Loew's, Pathé, Fox*,

Metro-Goldwyn y *Universal*. La concentración monopolista adoptó tal rapidez y envergadura que en 1928, siete *trusts*, conocidas como las *siete grandes*, dominaban completamente el mercado norteamericano y buena parte del mundial: *Fox Film Corp.*, *Warner Brothers Pictures Inc.*, *Paramount-Famous Lasky Corp.*, *Universal Pictures Corp.*, *United Artists Corp.*, *First National Pictures* y *Metro Goldwyn Mayer Corp.*

Bibliografía

BERGER, P. y LUCKMANN, T. (1966 [2003]). *La construcción social de la realidad*. Buenos Aires, Argentina: Amorrortu.

BORDWELL, D., STAIGER, J. y THOMPSON, K. (1997). *El cine clásico de Hollywood. Estilo cinematográfico y modo de producción hasta 1960*. Barcelona, España: Paidós.

BURCH, N. (1987). *El tragaluz del infinito*. Madrid, España: Cátedra.

CASTORIADIS, C. (1975 [2007]). *La institución imaginaria de la sociedad*. Buenos Aires, Argentina: Tusquets.

HAMPTON, B. (1970). *History of the American Film Industry. From it's beginings to 1931*. New York, Estados Unidos: Dover Publications.

JACOBS, L. (1971). *La azarosa historia del cine americano*. Barcelona, España: Lumen.

PAOLELLA, R. (1967). *Historia del cine mudo. Buenos Aires*, Argentina: Eudeba.

ILEANA VERSACE

Imaginarios del espectáculo. Desplazamientos y emplazamientos de la exhibición cinematográfica

En el marco del estudio de la arquitectura y los lugares del espectáculo de la Buenos Aires de entre siglos, se propone la revisión de los procesos de transformación de los sitios y los ritos cinematográficos en su etapa inicial, como forma de aproximación al mundo de lo imaginario espectacular.

Para el análisis de las metamorfosis espaciales se introduce el concepto de institución de Castoriadis (1975). Se observan entonces las localizaciones de los artefactos de proyección y las formas de los lugares de exhibición, así como las tensiones entre lo imaginario instituyente y lo material instituido. Para el estudio de los cambios sociales se toma la propuesta de Lizcano Fernández (2006), quien invita a la utilización de metáforas y analogías para el abordaje de lo imaginario. Aquí se examinan las relaciones entre los elementos que configuran el espectáculo cinematográfico, bajo la noción de *heterotopía* de Foucault (1966).

Estas reflexiones discurren, en primer lugar, en torno a las discusiones sobre la génesis cinematográfica, situando este recorte en el marco de la historia del cine como espectáculo. Luego se recorren los desplazamientos de los primeros proyectores, hasta el nacimiento de las salas cinematográficas, y los emplazamientos de las prácticas que hicieron del cine un espectáculo popular. Finalmente se sintetizan los intentos de abordaje del universo simbólico vinculado a estas formas y rituales.

Debates historiográficos acerca del nacimiento del cine

Si bien la mayor parte de la historiografía cinematográfica ubica el inicio de la era del celuloide con la primera proyección de los hermanos Lumière, el 28 de diciembre de 1895 en París, las discusiones acerca del nacimiento del cine han ocupado el interés de diversos autores, quienes han indagado en la naturaleza social, económica, científica y tecnológica del origen de este fenómeno.

En este sentido, resulta interesante el debate presentado por Oubiña (2009, 32) entre André Bazin, Walter Benjamin y Theodor Adorno:

"Allí donde Bazin sólo piensa en la técnica como simple partera de las ideas preexistentes sobre el cine, Benjamin otorga al fenómeno de la reproductibilidad un valor absolutamente genesíaco. En los dos casos, la afirmación resulta problemática porque es parcial (…) Es cierto, como sostiene Benjamin, que la reproductibilidad técnica supone una mutación radical en las condiciones de producción estética. Pero tal como le cuestiona Adorno, no dialectiza, acaba pensando en la circulación de los objetos y no en su lógica de producción (…) De la misma manera, podría aceptarse –como plantea Bazin– que la idea del cine no le debe nada al espíritu científico; sin embargo, ninguna otra forma de representación dependió tanto de la técnica para poder materializarse".

En este debate el cine es entendido en términos técnicos y artísticos, es pensado como un "objeto" que se produce y se reproduce, que existe independientemente de la relación con el "sujeto" al cual está destinado. Pero el "sujeto" entra en juego a lo largo del siglo XIX en los avances de la ciencia óptica cuando, según Oubiña, se pasa de la "óptica geométrica" (estudio de la luz y su propagación) a la "óptica fisiológica" (estudio del ojo y de sus capacidades sensibles) donde el foco no está puesto en el objeto proyectado por la representación, sino en el acto mismo de ver.

En este período, los avances en el estudio de la visión se entrelazan con los avances en el estudio del movimiento, dando lugar a la invención de diversos artefactos lúdico-científicos llamados "juguetes filosóficos" (*kinesígrafo*, *zootropo*, *praxinoscopio*, *fenaquistiscopio*, *electrotaquiscopio*, *traumatopo*, entre otros), y a las experiencias cronofotográficas de Eadweard Muybridge y Étienne-Jules Marey. Estos juguetes ópticos funcionan de manera dual, en tanto demuestran que la sucesión de imágenes estáticas producen la ilusión del movimiento, y que, a su vez, el movimiento puede desagregarse en las distintas fases que lo componen. Oubiña (2009, 51) entiende que estos avances tecnológicos sintetizan dos ideas opuestas sobre su aplicabilidad, el cientificismo y el ilusionismo:

"Proyectados en una cierta dirección, los juguetes filosóficos conducen al espectáculo del cine; desmontados en la dirección contraria, hacen posibles las investigaciones de Muybridge o Marey".

Hasta aquí, el "sujeto" se incluye en su práctica individual, pero es en la práctica colectiva donde el cine se convierte en espectáculo público. Si bien ha habido diversas disputas en relación con la autoría del invento del cine, se rescata la posición de Jean-Luc Godard en relación al cinematógrafo Lumière, citada por Oubiña (2009, 77): "(…) Godard sostiene que lo que se conmemora el 28 de diciembre no es la invención del cine, sino la primera vez que la gente pagó un franco para ver imágenes en movimiento proyectadas sobre una pantalla".

Se incorpora, en la mirada de Godard, la dimensión económica a la dimensión social. En este sentido, Commolli (1971) entiende que las historias del nacimiento del cine ponen el foco en la cámara y narran procesos en los que se suceden una serie de invenciones, donde lo que cambia de un aparato al siguiente es infinitesimal. Retoma de Bazin la idea de que estos retrasos y lentitudes son un retardo de la técnica y la ciencia con respecto a la idea y el mito, pero sostiene que la razón misma del retardo no obedece únicamente a la fatalidad, sino a que los científicos no tuvieron suficiente interés en la fabricación de la cámara, dependiendo finalmente su producción de una demanda social y una realidad económica. Commolli sostiene además que el cine se desarrolló bajo los efectos de esa demanda económica, es decir, bajo una ideología, que lo constituyó a su vez en un instrumento ideológico.

Desde la vereda de la ciencia, Tosi (1993) realiza una extensa revisión de la historiografía de los orígenes del cine. Esta investigación apoya su tesis principal: el nacimiento del cine no radica en la invención del espectáculo cinematográfico, sino que estuvo determinado por las exigencias de la investigación científica. En su trabajo, rescata la historia de Georges Sadoul, considerado el primer historiador general del cine que aborda el problema de la invención en términos de proceso social y de desarrollo tecnológico, rechazando la mitificación del inventor solitario y tratando de mantener un espíritu internacionalista subrayando la importancia de las diversas contribuciones. De todas formas, cuestiona este trabajo por no abordar lo que considera la cuestión de fondo: ¿Los científicos y técnicos se planteaban el problema de desarrollar los mecanismos que sirvieran para registrar y reproducir el movimiento impulsados por el deseo de crear una forma de arte y de espectáculo, o porque estos aparatos servían para sus investigaciones? El trabajo responde a esta pregunta a través de la voz del historiador Jean Vivié, quien postula que el registro cinematográfico nació por las exigencias de la investigación científica.

En lo que respecta al tema de estudio, se toman como referencia las líneas historiográficas que abordan el cine como espectáculo, en sus dimensiones espaciales y sociales.

De la máquina a la sala

Simultáneamente con la invención del cinematógrafo Lumière, se llevaban a cabo inventos similares en los Estados Unidos, principalmente por parte de Thomas Alva Edison. Si bien la creación francesa fue la más exitosa, la industria cinematográfica norteamericana alcanzó, a lo largo del siglo XX, un lugar hegemónico dentro del negocio del espectáculo local y un liderazgo absoluto en el mercado mundial del cine. Este proceso de crecimiento estuvo determinado por la interrelación de diversos actores: productores, distribuidores, exhibidores y consumidores.

En los Estados Unidos, los primeros artefactos para la proyección de *films* que lograron una gran aceptación popular fueron los kinetoscopios de Edison, presentados públicamente el 9 de mayo de 1893, en el Instituto de las Artes y de las Ciencias, en Brooklyn. Consistían en cajas verticales de madera con una serie de bobinas en su interior y un visor en la parte superior que, en forma individual, permitían ver breves películas. Las primeras diez unidades comercializadas se instalaron 1894 en un *penny arcade*, ubicado en el 1155 de la calle Broadway, en Nueva York. Rápidamente, estas máquinas se instalaron también en diversos centros urbanos, en lugares que ofrecían además otros entretenimientos, como barracas de feria o parques de diversiones. El atractivo de estos primeros *films*, que mostraban secuencias de gimnastas haciendo piruetas o riñas de gallos, no residía en su valor narrativo, sino en la magia de la imagen en movimiento.

Si bien la primera exhibición pública de películas en ese país se realizó el 23 de abril de 1896 en Nueva York, con el Vitascopio de Edison, fue el cinematógrafo Lumière el que posteriormente conquistó el mercado. Este artefacto, que proyectaba *films* sobre una pantalla para ser vistos en forma colectiva, también encontró sus primeras localizaciones en espacios de uso mixto, donde el cine compartía programa con espectáculos de *vaudeville* o *music-hall*. Las primeras producciones cinematográficas mostraban escenas urbanas cotidianas. Recién en 1903, con el estreno de "Asalto y robo a un tren" de Edwin S. Porter, nacía el cine argumental, y con su desarrollo comenzaban a materializarse los primeros espacios destinados exclusivamente a la exhibición pública de películas, denominados *nickel-odeons*. Harry Davis, empresario teatral e inmobiliario, construyó la primera sala de cine en la ciudad de Pittsburg en 1905, llamada precisamente *Nickel-odeon*, luego de que se incendiara un *penny arcade* de su propiedad.

Durante la primera década del siglo XX el negocio cinematográfico fue creciendo, y con él irrumpió la figura del distribuidor, a quien se le podían alquilar cintas en lugar de comprarlas directamente a los productores. En 1903 se formalizó, con Harry y Herbert Miles, el sistema de intercambio de películas. Hacia 1907 funcionaban entre 125 y 150 empresas de este rubro. La mayor rotación de *films* implicaba un costo menor para los exhibidores y una mayor afluencia de público. Este crecimiento estuvo acompañado por la inversión de los empresarios que habilitaron los *nickel-odeons* (Robinson, 1996)

Estas salas no eran homogéneas en sus características y dimensiones, podían ser pequeñas y modestas, con sitio para una centena de espectadores, o más grandes y lujosas, con capacidad para varios cientos. Independientemente de estas diferencias, como su nombre lo indica, los *nickel-odeons* (1 *nickel* = 5 centavos), eran espectáculos accesibles para las grandes masas de trabajadores e inmigrantes que estaban poblando el territorio norteamericano. Muchas de estas salas eran de carácter popular, descriptas como lugares donde se mezclaban los sonidos, los ruidos de la muchedumbre y de los pianos desafinados, y los olores de la comida. Pero otras tantas intentaban atraer a una audiencia de clase media, apelando especialmente a mujeres y niños.

Los programas variaban en extensión y frecuencia, podían exhibirse películas que duraban entre diez minutos y media hora, y se proyectaban entre 20 y 40 veces por día. Estas exhibiciones en continuado, además de estar acompañadas por música en vivo, podían contar con algún espectáculo de *varieté* o con la participación de cantantes que intervenían entre secciones mientras se cambiaban las cintas. Algunas salas tenían un nicho bajo el escenario para ubicar a los oradores que solían presentar la sinopsis del *film*.

En 1906, un año después de la apertura del primer nickel-odeon en Pittsburg, la ciudad contaba con 42 salas. En 1908 Estados Unidos contaba con un total de 8.000 *nickel-odeons*, número que ascendió a 14.000 en 1914, cuando comenzaron a suplantarse por salas más grandes. Se estima que en 1910 la ciudad de Nueva York alojaba un total de 300, la mayor cantidad del país y del mundo. Ese mismo año, 26 millones de norteamericanos visitaban los nickel-odeons semanalmente, cuando la población total del país rondaba los 90 millones.

El negocio de la exhibición llegó a ser tan rentable, que empresarios como Adolph Zukor (fundador de *Paramount Pictures*), Marcus Loew (fundador de la *Metro Goldwyn Mayer*), Carl Laemmle (fundador de *Universal Studios*) y los hermanos Warner (fundadores de la *Warner Bros. Pictures*), dieron sus primeros pasos en la industria como propietarios de salas cinematográficas, antes de convertirse en los dueños de las más grandes productoras.

El creciente nivel de consumo transformó al mismo tiempo el sector de la producción cinematográfica. Las productoras fundadas a fines del siglo XIX (*Edison, Biograph, Vitagraph, Lubig* y *Selig Polyscope*) no pudieron crecer al ritmo de la demanda. Se estima que hacia 1907 dos tercios de las películas proyectadas en los Estados Unidos eran importadas de ciudades como París o Londres. Nueva Jersey se convirtió entonces en un centro de producción cinematográfica, donde se instalaron empresas como *Centaur Company, Champion Film Company* y *Pathé Company*. En 1908 se conformó el consorcio *Motion Pictures Patents Company*, que estandarizó la forma de distribución y exhibición de films, pero también generó tensiones que no fueron diferentes en el desarrollo del fenómeno cinematográfico en los demás países.

En el caso de la Argentina, el espectáculo del cine como práctica colectiva tuvo su inicio en 1896. Si bien en 1894 había llegado a Buenos Aires el kinetoscopio de Edison, la primera proyección pública del cinematógrafo Lumière se realizó el 18 de julio de 1896 en el Teatro Odeón, de Esmeralda 367. Unos días antes, el 6 de julio de 1896, se ofrecieron por primera vez, en un salón ubicado en Florida 344, funciones del Vivomatógrafo, que algunas jornadas más tarde dejaron de realizarse debido a fallas técnicas. Y unos días después, el 20 de julio de 1896 se presentó el Vitascopio de Edison, en otro salón ubicado en Florida al 100, sin mayor éxito que el primero.

La irrupción de la cinematografía en la Argentina se dio en un contexto de expansión de los espectáculos populares, que Seibel (1999) agrupa bajo el término "teatralidades", mediante el cual distingue aquellas manifestaciones tradicionales de otras no dominantes. En términos espaciales, mientras las primeras se llevan a cabo en una sala con escenario, las segundas se realizan en lugares con distinto grado de indeterminación material, entre las que se incluyen el circo bajo carpa, el teatro de variedades, y los espectáculos de carnaval, entre otros.

Estos espectáculos populares contenían una significativa serie de expresiones locales: el circo criollo, los payadores, el teatro argentino y el tango. En 1890 comenzó la época de oro del circo criollo y de los payadores, a partir del reconocimiento de la obra "Juan Moreira." En 1901 la familia Podestá inició la década dorada del teatro argentino y ya para 1903 el tango era el baile consagrado en las fiestas de carnaval.

A mediados de la década de 1910, mientras el tango hacía el periplo del suburbio al centro, los payadores y el circo criollo se alejaban a los barrios y el interior del país. En el centro se consolidaba entonces un circuito de salas a la italiana, como espacios legitimados para obras teatrales, a diferencia de lo que ocurría en los barrios, donde se localizaban la mayor parte de los cinematógrafos.

Según un relevamiento propio, de los aproximadamente 30 teatros con que contaba la ciudad para esos años, el 70% estaba ubicado en el centro y el 30% en los alrededores, sin llegar a los barrios más alejados. En el caso de los cinematógrafos la relación se invierte, de los 91 existentes el 30% estaba ubicado en el centro y el 70% restante en los barrios, alcanzando los antiguos poblados de Flores y Belgrano.

El crecimiento de estas manifestaciones de la cultura popular coincidió con un importante ritmo de crecimiento poblacional. Entre 1895 y 1914 Buenos Aires había pasado de 663.000 a 1.575.000 habitantes. En 1910, José María Calaza, Jefe del Cuerpo de Bomberos de la ciudad, realizó un informe donde listaba los sitios vinculados a actividades sociales y espectáculos públicos de concurrencia masiva, que debían cumplir con ciertos requerimientos para la prevención, el control y la extinción de incendios. En ese informe menciona una treintena de salas teatrales, poco más de 40 centros sociales, el Palacio Novedades y el Pabellón de las Rosas, que el autor clasifica como sitios *sui generis*, un par de circos; ocho cafés conciertos y 91 cinematógrafos.

Este panorama muestra un amplio abanico en lo que refiere las formas de sociabilidad y entretenimiento de los porteños, y a la diversidad espacial que alojaba estas actividades. De los casi 200 sitios listados, sólo los teatros corresponden a la arquitectura tradicional de sala a la italiana. En el caso de los centros sociales, los clasifica en tres grupos según su uso: los de ayuda mutua; los que incluyen diversiones que puedan implicar riesgo de incendio, como la proyección cinematográfica; y los populares. Los sitios que califica de sui generis consistían en grandes salones de uso múltiple, que contaban entre sus programas la exhibición de películas. En cuanto a los cinematógrafos, el 80% funcionaban en sitios de uso compartido (bares, restaurantes, salones, clubes y burdeles), mientras que el 20% restante se alojaba en edificios destinados a ese uso específico. Las dimensiones de estas salas variaban: el 70% ocupaba entre 101 y 500 m^2; un 15% entre 1 y 100 m^2; y el otro 15% entre 501 y 1000 m^2. Estos datos provienen de un relevamiento propio de la documentación respectiva en el Archivo de Planos Domiciliarios de AySA (Agua y Saneamientos Argentinos S.A., la proveedora de agua potable y desagües cloacales en la Ciudad de Buenos Aires).

De esos 91 cinematógrafos, cerca de 20 sufrieron transformaciones físicas a lo largo de su existencia, y sólo 5 salas sobrevivieron a la década de 1940, cuando existían en la ciudad de Buenos Aires cerca de 200. Esto da un indicio de la durabilidad de estos sitios, de carácter más efímero que permanente. La arquitectura de esta veintena de casos tomaba, en su mayor parte y en sus primeras etapas, el modelo del teatro con planta en herradura, independientemente de las proporciones del lote; planteaba un acceso lateral, dejando el resto del ancho del lote para un local anexo, generalmente destinado a confitería y presentaba características diversas en cuanto a la precariedad o el lujo con que eran resueltas sus terminaciones.

Las películas exhibidas en estas salas eran mayormente importadas. La producción local llegó a su punto máximo recién en 1950, con 57 películas. Sin embargo, a un año de la primera proyección local del cinematógrafo Lumière, se realizó en Buenos Aires la primera filmación nacional, un corto titulado "La bandera argentina" bajo la dirección de Eugenio Py. Recién en 1908, con "El fusilamiento de Dorrego" de Mario Gallo, nacía el cine argumental argentino. Durante esos primeros diez años la cinematografía local se centró en la producción de actualidades, género que luego derivó en los noticieros.

Se observa hasta aquí un gran salto de escala con respecto a las dinámicas de producción y de consumo entre los Estados Unidos y la Argentina. El mismo año que aquí se realizaba la primera película argumental, en Norteamérica se estaba conformando un consorcio que intentaba monopolizar el mercado cinematográfico. Por otra parte, si bien en Buenos Aires, según datos del Anuario Estadístico Municipal, los concurrentes a las salas se triplicaron entre 1904 y 1908, pasando de 600.000 a 1.800.000, en promedio sólo el 3% de la población asistía semanalmente al cine, a diferencia del 30% norteamericano.

Sin embargo, la proporción cambia y se vuelve equivalente para la exhibición, cuando se compara la cantidad de salas en relación con la cantidad de población hacia 1910: mientras en Buenos Aires la población era de 1.200.000 y existían casi 100 cinematógrafos; en Nueva York habitaban cerca de 4.500.000 personas y había 300 *nickel-odeons*.

En esta primera etapa de la exhibición cinematográfica se producen una serie de desplazamientos donde se pasa de la invención de máquinas a la construcción de salas, de la práctica individual al ritual colectivo, de la imagen en movimiento al cine de ficción, del pensamiento mágico a la fábrica de sueños.

Si, según Castoriadis, la inmaterialidad de lo imaginario preexiste a la materialidad instituida, en cada una de las etapas de la historia del cine espectáculo mencionadas conviven la materialidad instituida y lo imaginario instituyente. Podría decirse que la instalación de los kinetoscopios implicó la cristalización del imaginario de la imagen movimiento como atracción individual y la generación del imaginario del espectáculo colectivo; a su vez, la localización de los cinematógrafos materializó ese imaginario y construyó otro, el del espacio exclusivo para la exhibición, visible posteriormente en las primeras salas de cine.

Asimismo, siguiendo a Berger y Luckmann (1966), la última etapa de legitimación institucional corresponde al universo simbólico que, como producto colectivo, incluye las situaciones marginales, entendidas como desviaciones de la realidad cotidiana. Es decir que en el proceso de legitimación del universo simbólico reside el germen de una nueva institución.

¿Fiesta o espectáculo?

A medida que el cine dejaba de ser una atracción más para convertirse en el favorito de los espectáculos populares, y que se iba definiendo una arquitectura específica para la exhibición de películas, se fueron modificando las relaciones de los consumidores con la producción cinematográfica y de los consumidores entre sí.

En un principio, se trató de alojar los kinetoscopios en lugares que congregaran una numerosa asistencia de público dispuesto a la diversión, y que al mismo tiempo ofrecieran una gran diversidad de entretenimientos de la que pudieran ser parte. Los salones de juego o las fiestas de carnaval, entre otros, contaban con una participación masiva y popular, y podían incluir entre sus atracciones estas nuevas máquinas para ver imágenes en movimiento.

Más tarde, con la llegada del cinematógrafo, los requisitos espaciales cambiaron. Entonces se volvía necesario ubicar un aparato y una pantalla, y atraer y reunir al público asistente, ya no en forma individual sino colectiva. Además de algunos teatros de variedades, los bares, restaurantes, salones de baile, centros sociales o prostíbulos, fueron los sitios más aptos para convocar y congregar espectadores.

Hasta aquí el ritual se resolvía en sitios existentes, de uso compatible y de práctica compartida. Pero lo que comienza a modificarse con el cinematógrafo es la naturaleza de ese ritual, en tanto se pasa de la curiosidad por la novedad de la técnica al consumo de un relato en imágenes. Con el advenimiento del cine argumental, se consolida la necesidad de sitios de uso exclusivo para la exhibición de películas.

La metamorfosis del cinematógrafo en espectáculo y del espectáculo en cine, es desarrollado por Morin (1956) en su *El cine o el hombre imaginario*. El autor ubica en cada uno de los extremos de este proceso a los hermanos Lumière y a Méliès. Los primeros transformaron la técnica en un espectáculo que implicaba una teatralidad. El segundo, al inventar la puesta en escena, convirtió al cine en una vía para esa teatralidad espectacular. Morin sostiene además que en este proceso el hombre revive distintas etapas propias de las sociedades primitivas, pasando de la magia a la subjetividad, donde el alma del cine tiene dos sentidos: "El mágico, en el que se traslada el alma sobre el objeto contemplado; y el subjetivo, en el que se siente como emoción interior" (1956, 66).

Estos dos sentidos pertenecen al mundo de la "participación afectiva", y esta afectividad reside en la pasividad del espectador, quien privado de la acción se emociona. El autor avanza sobre la cuestión del espectáculo, cuando afirma que el cinematógrafo es espectáculo puro, en tanto establece la mayor segregación física entre el espectador y el espectáculo. Asimismo, agrega que la construcción de las salas de cine ha profundizado la participación afectiva mediante el aislamiento del espectador en un medio oscuro, propicio para la ensoñación.

Así como la relación entre los espectadores cinematográficos y la producción fílmica se fue modificando en un plano afectivo, más ligado a la experiencia individual, la relación de los espectadores entre sí fue construyendo lo que Forsher (1953) denomina "la comunidad del cine", donde este entretenimiento operaba como igualador social. Según el autor, ningún otro espectáculo había congregado hasta entonces un público tan amplio como aquel que asistía masivamente a las funciones cinematográficas.

Esta masificación de la práctica social otorga a esta última un carácter popular. En este sentido, Bajtin (1941) propone considerar las formas y rituales del espectáculo como una de las manifestaciones de la cultura popular. Distingue las fiestas de carnaval como su máxima expresión, y sostiene que en ellas se produce una doble separación: con las fiestas oficiales, eclesiásticas y estatales, y con las representaciones teatrales, al confundirse actores con espectadores y prescindirse de la escena como foco.

Sin embargo, cabe aquí hacer una distinción entre fiesta y espectáculo, donde lo que varía es el grado de separación entre los espectadores y el espectáculo, y de los espectadores entre sí, visibles en las delimitaciones espaciales y en las formas rituales. En uno de los extremos de este gradiente estarían las fiestas de carnaval y en el otro los espectáculos cinematográficos.

En este sentido se vuelve central el aporte de Foucault (1966) cuando invita a pensar el espacio en términos de "emplazamientos" en vez de "localizaciones". Es decir, en todos los espacios que pueden tener lugar en un mismo sitio. Estos emplazamientos están definidos por los grados de vecindad entre sus elementos, que definen redes de relaciones. No se trata de detectar oposiciones (lo público y lo privado, lo individual y lo colectivo, el ocio y el trabajo, lo cultural y lo comercial, etc.) sino yuxtaposiciones. El autor define entonces dos tipos de lugares: las utopías (sin lugar real) y las heterotopías. Estas últimas consisten en lugares localizables, distintos de los emplazamientos que representan. Uno de los principios de las heterotopías es la capacidad de yuxtaponer en un solo lugar real, varios espacios del orden de lo mítico.

Las salas de cine cumplen con este último principio, cuestión que abre preguntas acerca de los distintos emplazamientos que en ellas tienen lugar, de los elementos que componen esos emplazamientos, y de las redes de relaciones que se establecen entre sus elementos.

Las segregaciones entre espectadores y espectáculo, y entre espectadores, definen, en parte, la condición de heterotópicos de los lugares destinados a exhibiciones cinematográficas. Las distancias que separan estos elementos establecen los límites de los espacios yuxtapuestos en un mismo sitio. Estas relaciones determinan, desde un punto de vista objetivo, la existencia de una sala para la práctica colectiva y de una pantalla donde se proyecta otro espacio, el de la película. Desde el cristal de la experiencia subjetiva, establecen un espacio ritual compartido y otro lugar individual de tipo onírico, propiciado por el aislamiento y la participación afectiva del espectador.

Los múltiples emplazamientos que se localizan en las salas de cine constituyen el imaginario del espectáculo cinematográfico. Si bien existen diversos estudios que toman la producción fílmica como fuente para el análisis de imaginarios de distinto tipo, son escasos los autores que abordan los imaginarios del espacio espectacular.

La aproximación a lo imaginario conlleva una complejidad intrínseca. En principio, porque como sostiene Lizcano Fernández (2006), lo imaginario no es susceptible de definición, por ser en si mismo fuente de definiciones. El mismo autor plantea que solo puede aludirse a lo imaginario de manera indirecta, mediante metáforas o analogías. Asimismo recurre a metáforas que aluden al mundo natural, como el "magma" de Castoriadis, y al mismo tiempo las cuestiona, invitando a la utilización de otras propias del mundo social.

En esta línea, dado que el objeto de estudio pertenece al universo espacial, se propone recurrir a la heterotopía como analogía. Si lo imaginario, en palabras de Lizcano Fernández (2006, 55), "Alimenta la tensión entre la capacidad instituyente que tiene toda colectividad y la precipitación de esa capacidad en sus formas instituidas", la yuxtaposición espacial, en sus dimensiones materiales y simbólicas, encarna esas tensiones.

En el caso de las metamorfosis del cinematógrafo, las heterotopías han operado como canales instituyentes y como cristalizaciones de formas instituidas. El cinematógrafo, en su paso de máquina a sala, se sirvió en primer lugar de sitios existentes de uso compartido, para luego configurar un nuevo espacio de uso exclusivo. Asimismo, en su transformación en espectáculo, se integró primeramente a otros programas compatibles, hasta definir formas propias de exhibición.

A diferencia de otras metáforas o analogías utilizadas como categorías de análisis para el abordaje de lo imaginario, la noción de heterotopía podría aportar al estudio de los imaginarios del espacio espectacular, una especificidad propia. Los distintos lugares que se yuxtaponen al espacio real, operan en el campo de lo imaginario, donde conviven las tensiones entre lo instituyente y lo instituido.

Hacia lo imaginario espectacular

Si la aproximación a lo imaginario solo puede hacerse de manera indirecta, las formas del espacio cinematográfico y los rituales de la comunidad del espectáculo, podrían tomarse como indicios de este universo simbólico. En el primer caso, como cristalización instituida, y en el segundo, como potencialidad instituyente. Las relaciones entre lo instituido y lo instituyente generan tensiones que determinan la temporalidad de las etapas de los procesos de transformación de las formas y los rituales del espectáculo.

En este sentido, podrían proponerse periodizaciones, que en el caso de Buenos Aires determinarían tres momentos, que con sus superposiciones serían: 1894-1895 (exhibición individual en espacio compartido); 1896-1907 (exhibición pública en espacio compartido); 1908-1932 (exhibición pública en espacio exclusivo). En 1933 comenzaría otra etapa de innovaciones tipológicas en coincidencia con la llegada del cine sonoro.

Los desplazamientos materiales de la exhibición cinematográfica en este período indican un recorrido que va de un imaginario ligado al pensamiento mágico, donde prima el sentido de atracción de la imagen movimiento, a otro donde impera la experiencia onírica del cine de ficción. Por otra parte, los emplazamientos de los distintos lugares simbólicos localizados en la sala de cine, determinan su carácter heterotópico, y están a su vez determinados por los grados de separación de los elementos que componen los rituales individuales y colectivos del espectáculo cinematográfico.

Haciendo una analogía con el cine, podría decirse que si lo imaginario es inasible, el intento por definirlo está más cerca de capturar el movimiento que de capturar la imagen. Se trata de entender las dinámicas de las transformaciones, aunque ninguno de sus estadios pueda ser nunca totalmente definible. Porque como sostiene Lizcano Fernández, nos encontramos frente al desafío de intentar atrapar un puño con la mano.

Bibliografía

Anuario Estadístico Municipal.

Bajtin, M. (1941 [2003]). *La cultura popular en la Edad Media y en el Renacimiento: El contexto de François Rabelais*. Madrid, España: Alianza Editorial.

Berger, P. y Luckmann, T. (1966 [2003]). *La construcción social de la realidad*. Buenos Aires, Argentina: Amorrortu.

Calaza, J. M. (1910). *Teatros. Su construcción, sus incendios y su seguridad*. Buenos Aires, Argentina: Talleres Gráficos de la Penitenciaría.

Castoriadis, C. (1975 [1983]). *La institución imaginaria de la sociedad*. Barcelona, España: Tusquets Editores.

Comolli, J. L. (1971 [2010]). *Técnica e ideología*. Buenos Aires, Argentina: Manantial.

Forsher, J. (1953 [2003]). *The community of cinema. How cinema and spectacle transformed the american downtown*. Westport, Estados Unidos: Praeger Publishers.

Foucault, M. (1966 [2010]). "Espacios diferentes". En: Foucault, M. (1966). *El cuerpo utópico. Las heterotopías*. Buenos Aires, Argentina: Nueva Visión.

Lizcano Fernández, E. (2006 [2009]). *Metáforas que nos piensan. Sobre ciencia, democracia y otras poderosas ficciones*. Buenos Aires, Argentina: Biblos.

Morin, E. (1956 [1972]). *El cine o el hombre imaginario*. Barcelona, España: Paidós.

Oubiña, D. (2009). *Una juguetería filosófica. Cine, cronofotografía y arte digital*. Buenos Aires, Argentina: Manantial.

Robinson, D. (1996). *From peep show to palace. The birth of american film*. Nueva York, Estados Unidos: Columbia University Press.

Seibel, B. (1999). "Teatralidades de Buenos Aires: de la Opera al Parque Japonés, 1890-1915". En: Gutman, M. y Reese T. (eds.). *Buenos Aires 1910. El imaginario para una gran capital*. Buenos Aires, Argentina: Eudeba.

Tosi, V. (1993). *El cine antes de Lumière*. México DF, México: UNAM.

MARIO SABUGO

Donde el barro se subleva: imaginarios ambientales en las letras del tango

En este texto se presentan los imaginarios alternativos que se hallan en las letras del tango rioplatense en referencia a algunas nociones, como el fango, el asfalto o la flor. Los definimos como imaginarios alternativos por oposición a los imaginarios instituidos, y solamente dentro de los últimos tiene sentido considerar esas nociones como ambientales.

Los imaginarios están constituidos por la totalidad de las representaciones en sus diferentes formas y géneros, entre ellos la ciencia, el arte, la filosofía, la ideología, la utopía, el mito, la poesía, etc. (Castoriadis, 1975; Cassirer, 1923-1929).

Una parte de tales imaginarios son los imaginarios del habitar, es decir todas las representaciones de las cosas y de los comportamientos relacionados con el territorio, la urbe, la arquitectura, el paisaje, la flora y la fauna, los artefactos, la indumentaria, etc. (Doberti, 1992).

Dentro de tales imaginarios en general y también dentro de los imaginarios del habitar, conviene distinguir los imaginarios instituidos de los imaginarios alternativos.

Los imaginarios instituidos podrían ser asimilados a lo que Berger y Luckmann (1966) denominan "universos simbólicos," como conjunto de significaciones que legitiman y rigen el conglomerado de instituciones que constituyen la realidad social. Por el contrario, los imaginarios alternativos expresan significaciones inconmensurables con los imaginarios instituidos. De tal manera, los imaginarios alternativos, desde el punto de vista instituido, aparecen como socialmente irreales.

Creemos pertinente considerar que la inconmensurabilidad principal entre lo instituido y lo alternativo deriva de sus diferentes núcleos ético-míticos. Pues en los niveles más profundos de una cultura está:

> "(…) El verdadero núcleo del fenómeno de la civilización: una colección de imágenes y símbolos mediante los cuales un grupo expresa su adaptación a la realidad, a otros grupos y a la historia (…) Podría hablarse en este sentido del núcleo ético-mítico, el núcleo a la vez moral e imaginativo que encarna el último poder humano de un grupo" (Ricoeur, 1965, 23).

Los imaginarios alternativos pueden históricamente suplantar como tales a los imaginarios instituidos en el marco de cruciales transformaciones de una sociedad determinada. En otros casos, los imaginarios alternativos pueden subsistir bajo el imperio de los imaginarios instituidos dando lugar a una coexistencia conflictiva, sea entre cultura colonial y cultura nativa, sea entre cultura ilustrada y cultura popular (Bajtin, 1941; Ginzburg, 1976; Bourdieu, 1979; Revel, 2005).

Ahora bien, para admitir que sea factible la expresión de significaciones alternativas mediante el lenguaje disponible y por tanto instituido, es crucial la noción de "símbolo", para la cual adoptamos una definición general de Paul Ricoeur (1969, 17):

"Llamo símbolo a toda estructura de significación donde un sentido directo, primario y literal designa por añadidura otro sentido indirecto, secundario y figurado, que sólo puede ser aprehendido a través del primero".

A este respecto Eco (1984, 256) da cuenta de una singular actividad lingüística que denomina "modo simbólico," de la cual surgen:

"(…) Experiencias semióticas intraducibles, en las que la expresión es correlacionada (ya sea por el emisor o por una decisión del destinatario) con una nebulosa de contenido, es decir con una serie de propiedades referidas a campos diferentes y difícilmente estructurables por una enciclopedia cultural específica: cada uno puede reaccionar ante la expresión asignándole las propiedades que le parezcan más adecuadas, sin que ninguna regla semántica esté en condiciones de prescribir las modalidades la interpretación correcta".

En los imaginarios o representaciones discursivas, el símbolo se manifiesta bajo las formas retóricas de los tropos, entre ellos la metáfora en particular, que conforme a la definición de la Real Academia Española, sería el "tropo que consiste en trasladar el sentido recto de las voces a otro figurado, en virtud de una comparación tácita".

Va de suyo que aquí nos referimos a la metáfora no como una suerte de ornamento del lenguaje sino en cuanto su función cognoscitiva:

"La expresión metafórica se apoya en un sistema de implicaciones entre los rasgos semánticos de los dos términos que la metáfora relaciona; puestas en relación las notas de significado de los dos términos, la metáfora no solo descubre analogías entre los referentes, sino que las crea, ayudando así a construir una nueva realidad y abriendo el pensamiento a nuevos modos de ver la realidad. La metáfora actúa como 'modelo' para ver la realidad" (Bobes, 2004, 25).

La metáfora y los restantes tropos son característicos de la cultura popular, en particular de su lenguaje y de su habla, como lo declaran varios autores:

"El pueblo es una incansable fábrica de tropos" (Carella, 1956, 67).

"El pueblo, siempre creador de tropos originales, metaforiza" (Yunque, 1961, 33).

"El lenguaje cotidiano no es conceptual sino simbólico, o sea que está libre de los esquemas de la racionalidad académica" (Kusch, 1968, 121).

En resumen, "Cada palabra, especialmente si pertenece al lunfardo, arrastra consigo lo que realmente pensamos del mundo y del hombre" (Kusch, 1966a, 323).

El tango sería un característico género discursivo del imaginario alternativo del habitar, un emergente de la cultura popular rioplatense, el discurso de una "anticiudad".

"El tango era un hamletiano signo de interrogación colocado al principio y al fin del coexistir rioplatense (...) La ciudad lo negaba pero lo reconocía como una entidad temible, casi revolucionaria, asentada en el perímetro orillero. La anti-ciudad de los inmigrantes, de los taitas, de los hijos de la tierra desgajados de los pagos, lo acogía como su alimento espiritual, como la razón de su existir y la sonrisa de su desventura" (Vidart, 1967, 58).

Claro está que pensar esta cuestión tropieza con la permanente descalificación de la cultura popular, y del tango en particular, por parte de los intelectuales de lo instituido. El tango nunca es legitimado en la cultura oficial de la ciudad. Desventuradamente, la voz de sus poetas es repudiada u omitida por las academias y otros altos cenáculos. Desde que Leopoldo Lugones se horrorizó ante este "reptil de lupanar", hasta los más modosos estudios culturales recientes, el tango sufre una continua descalificación o, en el mejor de los casos, es piadosamente ignorado. "El rechazo que tienen las clases ilustradas hacia el tango es viejo y continúa sin dispersarse" (Fraschini, 2008, 34).

El imaginario del habitar urbano en el tango es alternativo y antinómico. Con el término "alternativo" se quiere decir que el imaginario del barrio en el tango es inconmensurable con el núcleo ético-mítico y las categorías del imaginario instituido, como las de tiempo, espacio, número, causalidad, identidad, etc. Con el término "antinómico" se quiere decir que el imaginario del barrio en el tango tiene una visión heterogénea de la ciudad porque distinguen dos regiones simbólicamente opuestas en cuanto a los sentidos antropológicos de los comportamientos y en cuanto a los sentidos espaciales y objetuales del habitar. Esta antinomia establece, en el plano de lo urbano, dos polos antitéticos, el barrio y el centro.

Este trabajo no relaciona los imaginarios del habitar con sus anclajes materiales, pero admite que esa vinculación es pertinente. Pues, como ha dicho Robert Graves (1949, 25), en línea con la poética aristotélica, si bien la función del poeta es la verdad y la función del erudito es el hecho, el poeta no debe negar o ignorar el hecho, porque "El hecho no es la verdad, pero el poeta que contraviene voluntariamente el hecho no puede alcanzar la verdad".

También sería pertinente una historización de los imaginarios del habitar. En la pista de Fernand Braudel (1949), es posible considerar que los imaginarios sean propios de los ritmos lentos de la historia; habiendo así una especie de "larga duración simbólica" que, en el caso del imaginario del tango referente al habitar, se pueda vincular a la problemática urbana y ambiental, pero respetando tales ritmos y sin pretender, como hacen demasiados autores, explicar cada pieza por los acontecimientos políticos y sociales contemporáneos.

Las letras del tango no pueden ser reducidas a meros testimonios o reflejos de sus circunstancias históricas. Muy por el contrario, en su carácter de representaciones imaginarias se nos presentan como irreales (Sartre, 1940). El mismo autor refuta que la interpretación de una expresión poética pueda resolverse en el marco de lo circunstancial (Sartre, 1960). Por este motivo no consignamos aquí las fechas de los tangos.

Sobre la reducción de la poesía a simple reflejo también se ha expresado claramente Ricoeur (1965, 91):

"El lenguaje que quiere ser el más universal revela lo que ocurre con cada palabra, con todo discurso en una sociedad: no bien una época se representa a sí misma por medio de sus obras, ya ha salido de la estrechez de su propia situación. Es el motivo por el cual no se puede nunca reducir las obras literarias y, en general, ninguna obra, a una simple capa de apariencia, a la franja de espuma de la ola que rompe sobre una playa. Es una realidad nueva, que posee una historia propia, la historia del discurso, que exige una comprensión propia, y que sólo se relaciona con su situación superándola. En este sentido, la significación de la palabra excede siempre la función de reflejo".

Dentro de los imaginarios del habitar que se manifiestan en las letras del tango rioplatense, se pueden configurar diversas constelaciones simbólicas, ellas también antinómicas y alternativas, que remiten a la antinomia del barrio y el centro de la ciudad, dentro de la cual, en el caso de este trabajo, "barro" corresponde al primero y "asfalto" al segundo.

La figura de la "constelación" es una buena metáfora para organizar los símbolos que convergen en los imaginarios de barrio y centro. Si bien luego la emplearon por otros autores, fue formulada tempranamente y con una precisión insuperada por Walter Benjamin (1925, 230):

"La panoplia de conceptos que sirve sin duda a la exposición de una idea hace a ésta presente como configuración de aquellos conceptos. Pues los fenómenos no están incorporados como tales en ideas, ni están tampoco en ellas contenidos. Las ideas son más bien su virtual ordenamiento objetivo, su interpretación objetiva… Una comparación puede ilustrar su significado. Las ideas son a las cosas lo que las constelaciones son a las estrellas".

En otros trabajos (Sabugo, 2013a, 2013b, 2014) hemos mostrado varias constelaciones simbólicas del tango con sus propias antinomias respectivamente vinculadas, dada la continuidad y reversibilidad del lenguaje poético, a la oposición de barrio y centro: son las polaridades del malevo y el niño bien, la pebeta y la milonguita, el regreso y la partida, el alma y el lujo, el percal y la seda, el gorrión y la golondrina, el farol y las luces malas, y la casita y el rascacielos.

Todas estas antinomias se vinculan a un imaginario del tango que distingue dos mundos urbanos opuestos, el barrio y el centro. No se trata en absoluto de una distinción geográfica sino simbólica, sustentada en un núcleo ético-mítico que da cuenta de los dilemas existenciales de las mujeres y de los hombres, y de los valores antagónicos de lo material y lo espiritual. En este contexto, el barrio se define siempre por algo que no es barrio en los sentidos instituidos, y el centro por algo que no es centro en los sentidos instituidos. Proliferación de significados alternativos que se extiende a las representaciones "ambientales" que estudiamos en esta oportunidad.

Las letras

Dando por demostrada la articulación de contenidos por intermedio de las mencionadas constelaciones, nos permitimos introducir letras que no contienen la voz "barrio" ni sus sinónimos y derivados. Indicamos en las notas al pie los autores de las letras y citamos solamente los tramos pertinentes. El lector dispone de las versiones completas en recopilaciones o sitios web como <www.todotango.com.ar>.

En el universo simbólico del barrio son frecuentes las imágenes del fango, sea también lodo, barro o cieno, que remiten a la reunión de la tierra y del agua, que a su vez son los elementos que engendran la vegetación, las flores y las plantas.

En el tango no aparecen imágenes de las grandes y violentas aguas de mar o de río, ni las temibles lluvias bíblicas, sino más bien el bañado, la inundación, el zanjón, en morosa mixtura del agua con la tierra, que engendra el fango (Bachelard, 1942). En *Adán Buenosayres*, se dice que "(…) El que no ha escuchado la voz del Río no comprenderá nunca la tristeza de Buenos Aires. ¡Es la tristeza del barro que pide un alma! ¡Es el idioma del Río!" (Marechal, 1948, 161).

Si para empezar con las representaciones de los tangos elegimos una vía trágica, es apropiado el barro que se levanta amotinado:

Tu lágrima de ron
me lleva

hasta el hondo bajo fondo

donde el barro se subleva.[1]

El "Sur" de Manzi, en cambio, es apropiado introito si preferimos las amables imágenes líquidas de la inundación y del zanjón, que mezclan la tierra, el agua, el yuyo y la alfalfa.

> San Juan y Boedo antiguo y todo el cielo,
> Pompeya y, más allá, la inundación,
> tu melena de novia en el recuerdo,
> y tu nombre flotando en el adiós…
> La esquina del herrero barro y pampa,
> tu casa, tu vereda y el zanjón
> y un perfume de yuyos y de alfalfa
> que me llena de nuevo el corazón.[2]

En el Génesis, la creación del mundo equivale a la separación de los elementos revueltos. En el tercer día, Dios separó lo seco o árido, la tierra, de las aguas de abajo, el mar, y ordenó a la primera que diera hierbas y árboles frutales. Y en el quinto día, "Dios formó al hombre del lodo de la tierra e inspirole en el rostro un soplo de vida y quedó hecho el hombre, con alma viviente." (Génesis 2, 7). El tango extiende esta materia primigenia a la cuna:

> En cuna de barro,
> se amasó mi infancia,
> con noches de plata,

---

[1]   Cátulo Castillo, *La última curda.*

[2]   Homero Manzi, *Sur.*

y luz de arrabal,

mi canto de cuna

fue un canto de sapos,

nací como el ave,

sabiendo cantar.[3]

La relación del hombre con el fango tiene también una resonancia ética.

En *Adán Buenosayres* (Marechal, 1948, 420), cuando el protagonista y el astrólogo Schultze descienden en plan dantesco a los infiernos de la Ciudad de Buenos Aires, el primer círculo que visitan es el *Fanguibarrio*,

"(…) Una barriada en anfiteatro, compuesta de casuchas informes distribuidas al azar y edificadas en el lodo con viejas chapas de cinc, latas de queroseno, barriles desfondados y restos de automóviles en desuso. Una multitud gritona chapaleaba en el fango de las callecitas: hombres y mujeres, vestidos con sus ropas civiles y embarrados hasta los ojos, hundían un pie aquí, arrancaban el otro allá, caían y se levantaban sin dar señales de incomodidad alguna".

Enfangarse, enlodarse o embarrarse son acciones que remiten al símbolo de la mancha, que alude al pecado y a la culpa (Ricoeur, 1960, 1969).

Para qué continuar
si vivir es llorar.

---

[3]   José Rótulo, *Nací en Pompeya.*

Mi corazón se encuentra mancillado

porque el barro

lo ha salpicado.

(…)

Para qué recordar,

es mejor olvidar

que siempre fue mi vida

toda fango

como un tango

del arrabal.[4]

Así de múltiples son las significaciones que se otorgan al fango, oscilando entre el caos primigenio, la materia del cuerpo humano, el pecado y la injusticia, la que aparece cuando el fango material se transforma en fango social.

Yo nací, señor juez, en el suburbio,

suburbio triste de la enorme pena,

en el fango social donde una noche

asentara su rancho la miseria.

De muchacho, nomás, hurgué en el cieno

donde van a pudrirse las grandezas.

¡Hay que ver, señor juez, cómo se vive

para saber después cómo se pena![5]

En la escala social, desde luego el fango está abajo:

---

4   Horacio Sanguinetti, *Barro*.
5   Celedonio Flores, *Sentencia*.

Gacho gris, arrabalero,
vos triunfaste como el tango,
y escalaste desde el fango
toda la escala social.[6]

Por el fango o el lodo se anda, pero también se rueda, o se cae, pues la caída es otra figura del pecado o del fracaso.

En la sospechosa quietud del suburbio,
la noche de un triste drama pasional
y, huérfano entonces, yo, el hijo de todos,
rodé por el lodo de aquel arrabal.[7]

Cuando la caída es colectiva, se la pinta de manera indeleble en "Cambalache":

Pero que el siglo veinte es un despliegue
de maldá insolente
ya no hay quien lo niegue;
vivimos revolcaos en un merengue
y en un mismo lodo todos manoseaos.[8]

Emerger resueltamente del fango supone la emancipación, que conduce, por ascensión, a los lugares del altar o del cielo. En este caso, se trata de la ascensión del tango mismo al dejar el arrabal.

---

[6]   Juan Carlos Barthe, *Gacho gris.*
[7]   Benjamín Tagle Lara, *Puente Alsina.*
[8]   Enrique Santos Discepolo, *Cambalache.*

Con ello no solamente se purifica sino que aspira a la elevación
social, a la aristocracia:

> Dulce tango, el arrabal
> fue la cuna de tus sones
> y los dulces bandoneones
> te mecieron sin cesar…
> (…)
> Y con tu fuerza inicial,
> llena de criolla altivez,
> te subiste de una vez
> desde el fango hasta el altar.
> (…)
> Y de póstumo y maldito
> mensajero del agravio,
> que hacía brotar de los labios
> al chocar de un empujón
> la procaz interjección
> de la pareja vecina,
> hoy tu espíritu lo anima,
> aristocrático anhelo
> y vas desde el fango al cielo
> y te olvidas de la china.[9]

El fango se cuela una y otra vez por todo el imaginario del barrio,
y en el paisaje mental de Manzi, la luna chapalea en aquel mediante su propio reflejo.

---

9   Alberto Ballerini, *Dulce tango.*

Así evoco tus noches, barrio 'e tango,
con las chatas entrando al corralón
y la luna chapaleando sobre el fango
y a lo lejos la voz del bandoneón.[10]

Como enseña Bachelard (1957), las metáforas son transitivas. La que lleva del fango a la luna, puede luego pasar de la luna a otra imagen y así sucesivamente. Las metáforas son también reversibles: si imaginamos algo de luna en el fango, podemos imaginar algo de fango en la luna.

Del mismo modo irreal, algo muy opaco como el barro puede reflejar, y por añadidura se hacen de barro la vida y el amor.

Estoy mirando mi vida
en el cristal de un charquito
y pasan mientras medito
las horas perdidas,
los sueños marchitos.
Y están tus ojos queridos
en el espejo de barro,
fantasmas de mi cigarro,
reproche y olvido,
consuelo y perdón.
(…)
Así, midiendo tu pena,
noches y noches consumo,
buscando ver en el humo
del pucho que fumo

---

[10]   Homero Manzi, *Barrio de tango*.

tu imagen serena.
Y al encontrarte perdida
entre cigarro y cigarro
sé que fue todo de barro,
de barro mi vida,
de barro mi amor.[11]

Todas las experiencias humanas, como el dolor, pueden hacerse de fango; más aún, en la fantasía del imaginario alternativo, son también experiencias que sufren los objetos, puesto que se han personificado.

Sigue llorando el tango
y en la esquinita palpita
con su dolor de fango
la calesita.[12]

El barrio o arrabal, dado que no solamente equivale al tango, sino también al barro, perfectamente puede atribuirle ese elemento a Gardel, su héroe por excelencia, cuya voz es imaginada entonces como voz de barro. Y si nos dejamos llevar por el vértigo de las reversibilidades metafóricas, a su vez el barro podría ser la voz de Gardel.

Diez años pasan..., pero igual,
si tu voz es un brocal,
percal, farol, calle cortada...

---

[11]   Homero Manzi, *De barro.*
[12]   Cátulo Castillo, *La calesita.*

Tu voz, que ya no es nada,
y sigue siendo el barro fiel…
Tu barro de arrabal, Carlos Gardel.[13]

Desde luego, el fango es vinculado a la figura del arroyo. En este caso del Maldonado. Se trata de un arroyo muy conocido y geográficamente bien determinado en la Ciudad de Buenos Aires. Pero la imaginación del tango no lo trata en esos términos geográficos, sino mitológicos, pues aquí el arroyo es una persona con la cual el protagonista se confiesa.

Salud, mi arroyo del Maldonado,
mi viejo amigo del arrabal.
Hoy que estoy triste vengo a tu lado
para cantarte todo mi mal.
Desde cachorro jugué en tus aguas
y fue en tu barro que yo me crié
y me perdieron unas enaguas
del mismo barro que yo amasé.
(…)
Decime, arroyo, porque este carro
de mi existencia me ha hecho saber
que aquel que un día dejó tu barro
tarde o temprano te viene a ver.[14]

El fango es algo que se pisa. Es lo que tocan los pies, con placer u horror. Como sea, suele ser garantía de la persistencia del barrio. Lo amenazante es que lo reemplace el adoquinado o empedrado:

---

[13]   Cátulo Castillo, *Diez años pasan.*
[14]   Alberto Vacarezza, *Maldonado.*

Me gusta lo desparejo
y no voy por la vereda;
uso fungi a lo Massera,
calzo bota militar.
(…)
No me gusta el empedrao
ni me doy con lo moderno;
descanso cuando ando enfermo,
y dispues que me he sanao.[15]

Si no hay barro en las imágenes, la tierra puede manifestarse bajo otro símbolo, la piedra (Bachelard, 1947). En términos urbanos, la piedra adquiere el formato del empedrado o adoquinado. Vemos entonces al hombre besando la piedra mediante la lágrima, y podríamos imaginar que la piedra besa al hombre. Ya no hay propiedades físicas que valgan: el hombre se hace un poco piedra, se petrifica, la piedra se hace un poco hombre, se humaniza y se ablanda.

Viejo… barrio…
perdoná que al evocarte
se me pianta un lagrimón.
Que al rodar en tu empedrao
es un beso prolongao
que te da mi corazón.[16]

Barro y adoquín de todos modos pueden coexistir, pero no en toda la ciudad, porque la ciudad no es homogénea en el imaginario del tango, sino solamente en esa ciudad que es como el barrio.

---

[15]   Homero Manzi, *Milonga del Novecientos*.
[16]   Mario Battistella y Alfredo Le Pera, *Melodía de arrabal*.

Mi soledad manchada de verdín,
regresa sin edad
a la ciudad
de barro y adoquín.[17]

La antítesis del barrio es el centro, que en términos temporales se corresponde con la modernidad, o el progreso. Ya nos ha notificado Manzi: "No me gusta el empedrao, ni me doy con lo moderno". El barrio como fango no puede ser de asfalto, porque se convertiría en centro. Lo mismo ocasionarían otros rasgos del progreso, los que en el imaginario instituido conformarían la "infraestructura".

¿Dónde está mi barrio, mi cuna querida?
¿Dónde la guarida, refugio de ayer?
Borró el asfaltado, de una manotada,
la vieja barriada que me vio nacer…
(…)
Puente Alsina, que ayer fuera mi regazo,
de un zarpazo la avenida te alcanzó.
Viejo puente, solitario y confidente,
sos la marca que, en la frente,
el progreso le ha dejado
al suburbio rebelado
que a su paso sucumbió.[18]

Desaparecido el fango, de todos modos es preferible el empedrado antes que el asfalto:

---

[17]   Cátulo Castillo, *El trompo azul.*
[18]   Benjamín Tagle Lara, *Puente Alsina.*

¡Viejo barrio!… Yo que vengo del asfalto
te prefiero con tus calles empedradas
y el hechizo de tus noches estrelladas
que en el centro no se sabe comprender.[19]

No solamente el barrio es aniquilado por el asfalto, también su figura femenina por excelencia, la pebeta alucinada por el lujo, que se deja convertir en Milonguita.

Golosina de viejos ricachos
que a la cumbre ascendiste de un salto
y del lóbrego barrio'e los tachos
te mudaste a un chalet del asfalto.[20]

El barrio, por ser de tierra y agua, es también vegetal, sea árbol, planta o flor, sobre todo flor.

Mi barrio fue una planta de jazmín,
la sombra de mi vieja en el jardín,
la dulce fiesta de las cosas más sencillas
y la paz en la gramilla de cara al sol…[21]

El barrio se manifiesta como tango personificado y como flor, que aquí es la flor de la retama.

A mí me llaman Juan Tango
Si yo le fuera a contar

---

[19] Oscar Arona, *Parque Patricios*.
[20] Armando Tagini, *Piuma al vento*.
[21] Eladia Blázquez, *El corazón al sur*.

mi cuna fue un barrio pobre
humilde como es el pan
(...)
Yo siempre he sido sencillo
y si el pasado me llama
con fragancia de retama
voy dejando mi canción.[22]

Manzi otorga a la voz de su heroína la capacidad de perfumar, en forma de yuyo suburbano. En el mundo imaginario de lo vegetal, lo visual y lo auditivo se confunden.

Malena canta el tango como ninguna
y en cada verso pone su corazón;
a yuyo del suburbio su voz perfuma,
Malena tiene pena de bandoneón.[23]

Gardel mismo es tenaz como la hiedra, y su voz una flor de barrio oscuro.

Vienes de ese entonces,
y en las calles estás.
Firme en cada piedra,
como hiedra tenaz.
Flor de barrio oscuro,
del más puro arrabal
tu voz, voz de tango inmortal.[24]

---

[22] Carlos Waiss, *A mí me llaman Juan Tango.*
[23] Homero Manzi, *Malena.*
[24] Cátulo Castillo, *Diez años pasan.*

Yuyos, magnolias, claveles, claveles del aire, rosas, jazmines, glicinas, madreselvas, el malvón, revistan en la botánica del barrio imaginada por el tango. Sin la ambigüedad del fango, las flores y las plantas hacen del barrio un jardín perfecto y edénico.

> En un ranchito de Alsina
> tengo el hogar de mi vida
> con cerco de cina-cina
> y corredor de glicinas
> Hay un aljibe pintado
> bajo un parral de uva rosa
> y una camelia mimosa
> temblando sobre el brocal.[25]

De árboles, plantas o flores en el centro, el tango calla y prefiere insistir en los aromas del barrio.

> La noche amiga me trajo al centro
> en este inquieto peregrinar,
> detrás del tango que nunca encuentro,
> del que otros días supe bailar…
> Aquel del patio con el aljibe,
> cancel de hierro, cordial portón,
> que me brindaba, cuando era pibe,
> su aroma criollo: menta y cedrón.
> (…)
> Yo escucho el tango del tiempo mío
> tras de las tapias que ya no están,

---

[25]   Homero Manzi, *Nobleza de arrabal.*

y evoco el barrio con sus baldíos…
y aquellos cielos de celofán…
Y cruzo el patio de las magnolias,
y se me prenden al corazón
el fiel recuerdo de aquella novia,
y aquel perfume: menta y cedrón…
Nostalgias del corazón.
¡Magnolias, menta y cedrón![26]

El barrio es un mundo vegetal con color y también aroma. Los símbolos oscilan libremente entre la ética, la arquitectura y los condimentos culinarios, y por eso, fantásticamente, son el ajo, la cebolla, la menta y el cedrón los que quedan en contradicción con los rascacielos.

Él conoció las esquinas
pintadas de sombras
bajo las glicinas,
cuando entonaba el pregón
llamando a la dueña
de su corazón.

¡Ajo y cebolla, patrona!
¡Menta y cedrón!

Pero el Tiempo,
buscando un destino mejor
para el claro paisaje de ayer

---

[26]   Armando Tagini, *Menta y cedrón*.

con las verjas del mismo camino
plasmó rascacielos soberbios de fe…
Decorado fatal que lo ahogara,
asesino del viejo portón,
donde otrora esperara gloriosa
su amor que llegara
trayendo el pregón.

¡Ajo y cebolla, patrona!
¡Menta y cedrón![27]

La flor, que denota juventud, excelencia y belleza, se traspone fácilmente como figura de la mujer joven del barrio, la pebeta.

Barrio plateado por la Luna,
rumores de milonga
es toda tu fortuna.
Hay un fuelle que rezonga
en la cortada mistonga.
Mientras que una pebeta
linda como una flor,
espera coqueta
bajo la quieta luz de un farol.[28]

La flor, ahora magnolia, por la metáfora se vuelve delicado miembro anatómico que, en violento contraste de lo claro y lo oscuro, se abate en el fango.

---

[27]   José González Castillo, *El pregón.*
[28]   Alfredo Le Pera, *Melodía de arrabal.*

Tu mano,
la magnolia de tu mano,
desmayada en el fangal
del barrio hermano.[29]

De esta manera ya estamos ingresando al mundo de la combinación, doblemente metafórica, de la Flor de Fango, que reúne alrededor de la imagen femenina la inocencia de la flor con las ambigüedades físicas y sociales del fango. El símbolo fue inaugurado, claro está, por Pascual Contursi:

Y cuando de los bandoneones
se oye el acorde de un tango,
pobre florcita de fango
siente en su alma vibrar
las nostalgias de otros días
de placeres y de flores,
hoy solo son sinsabores
que la invitan a llorar.[30]

Contursi será seguido en esta figura por múltiples autores.

El mishé que te mima con sus morlacos
el día menos pensado se aburrirá
y entonces como todas flores de fango
irás por esas calles a mendigar.[31]

---

[29]   Cátulo Castillo, *Ventanal*.
[30]   Pascual Contursi, *Pobre paica*.
[31]   Enrique Cadícamo, *Pompas de jabón*.

A veces identificada como variedad precisa de flor, una rosa.

> Desparramá no más
> tu risa de cristal,
> reina loca de un momento,
> flor de un día, piuma al vento…
> Tu trono es de papel,
> tu brillo es de oropel
> y, al final, rosa de fango,
> dirá algún tango
> tu historia fiel.[32]

Otras autores prefieren derivar la flor a princesa, otra imagen de perfección y pureza contrarrestada por el fango, que para más facilidad, rima con tango.

> Princesa del fango, bailemos un tango
> no vez que estoy triste que llora mi voz
> princesa del tango, hermosa y coqueta
> yo soy un poeta que muere de amor.[33]

Las flores contribuyen a manifestar otro aspecto simbólico del barrio, su color, que tampoco es imaginado en el Centro. En el potente impresionismo de *Tinta roja* el rojo de la sangre se vuelca en un malvón, mientras que el barrio es pintado por el paredón de ladrillo y por el buzón carmín. Como si eso fuera poco, un amor es rubio, el fondín y el ayer grises y las penas negras.

---

[32] Armando Tagini, *Piuma al vento.*
[33] Horacio Sanguinetti, *Princesa del fango.*

Paredón, tinta roja en el gris del ayer…
tu emoción de ladrillo feliz
sobre mi callejón, con un borrón,
pinto la esquina…
Y al botón que en el ancho de la noche
puso el filo de la ronda
como un broche…
Y aquel buzón carmín, y aquel fondín
donde lloraba el tano
un rubio amor lejano
que mojaba con bon vin.
(…)
Paredón, tinta roja en el gris del ayer…
Borbotón de mi sangre feliz
que vertí en el malvón
de aquel balcón que la escondía…
Yo no sé si fue negro de mis penas,
o fue rojo de tus venas mi sangría…
Por que llego y se fue tras el carmín
y el gris fondín lejano
donde lloraba el tano
sus nostalgias de bon vin.[34]

La luna y el sol son también agentes cromáticos. Por añadidura, el recuerdo se produce como acuarela, la pintura que se hace con agua.

Esquina de barrio porteño
te pintan los muros la luna y el sol.

---

[34]   Cátulo Castillo, *Tinta roja.*

Te lloran las lluvias de invierno
en las acuarelas de mi evocación.
(…)
Esquinita de barrio porteño,
con muros pintados de luna y de sol,
que al llorar con tus lluvias de invierno
manchás el paisaje de mi evocación.[35]

En el barrio hay color, en el centro no. A lo sumo es gris. Aquel afortunado niño bien que haya dejado uno por el otro, la pebeta por la farra, la casita por el palacete, también se enajena de la policromía.

Muchacho
que porque la suerte quiso
vivís en un primer piso
de un palacete central,
que pa' vicios y placeres,
para farras y mujeres
disponés de un capital.
(…)
Decime
si conocés la armonía,
la dulce policromía
de las tardes de arrabal,
cuando van las fabriqueras
tentadoras y diqueras
bajo el sonoro percal…[36]

---

[35]   Homero Manzi, *Esquinas porteñas*.
[36]   Celedonio Flores, *Muchacho*.

Manzi concreta esa policromía en una acuarela específica de casa, sombra y luna.

> Arrabales porteños
> de casitas rosadas
> donde acuna los sueños
> el rasguear de las guitarras.
> (...)
> Sombra,
> telón azul del suburbio
> donde se juega el disturbio
> cuando un amor se envenena
> y al dolor de la traición,
> rencor y pena.
> (...)
> Y la luna amarilla
> siembra misterios
> caminando en puntillas
> sobre tus techos.

El tango puede también recurrir al fango en carácter de color imaginario, que es el color del arrabal y a la vez un vínculo con su pasado.

> Color de barro en los ojos
> con voz oscura de viento.
> Soy el son de un bandoneón
> de rezongón corazón con sueño...
> carmín sangriento del moño
> que en las trenzas se prendió.
> Soy el fuego de un cigarro
> que se tira sobre el barro,

desde lo alto de ese carro
que cruzo como un borrón.

Llanto con que canto.
Barro con que amarro
tantas cosas que se van
como el fin del valsecito
que llovía
en la agonía
del organito…
Puerta ya desierta.
Vida ya perdida
en la ojera del zaguán.
Mi dolor de grillo triste
busca un cerco que no existe
de arrayán…

Color de barro mi pelo.
Color de noche mi pena,
y en las sombras de un rincón
mi bandoneón:
corazón que suena…
Color de barro de tango
con sus cosas que hacen mal.
Este canto que desgarro
tiene su dolor bizarro,
que es, al fin, color de barro
que arranqué del arrabal…[37]

---

[37] Cátulo Castillo, *Color de barro*.

Conclusiones

> "En Buenos Aires nunca llegaremos a ser ni magos ni brujos, porque no creemos en el cuento de los cuatro elementos. Desde muy antiguo, una buena magia consistía en dominar el agua, la tierra, el fuego y el aire, eran los cuatro elementos que constituían el universo y que mantenían cierto elemento estable, hasta el momento en que ellos se independizaban y ocurría un cataclismo (…) Pero en Buenos Aires ningún rastro ha quedado de los cuatro elementos. Mejor dicho, los hemos envasado. El agua viene por las cañerías, el fuego se administra en garrafas, el aire se llama aire acondicionado y la tierra (…) bueno, la tierra es barrida prolijamente por el ama de casa para que resalte el brillo de los pisos" (Kusch, 1966b, 260).

Ninguno de esos cuatro elementos mencionados por Kusch tiene, en el tango, la significación que tiene el barro o fango. Sin embargo, el desafío es de la misma índole, porque en el imaginario del tango lo que se pone en discusión es la visión material y funcionalista de cualquier elemento.

El tango lo hace multiplicando imágenes en una trama inagotable en la que todas las significaciones se relacionan y pueden sustituirse en direcciones múltiples y en sentidos reversibles. En este contexto, el barrio es siempre algo que no es barrio en el sentido institucionalizado, y el centro es siempre algo que no es centro en el sentido institucionalizado. Correlativamente, el barro, o la flor, son siempre otras cosas que las establecidas por las disciplinas y las normas.

El imaginario popular y alternativo del tango acerca del barrio y acerca de su antítesis, el centro, se correlaciona, como hemos visto, con las representaciones del fango, que a su vez lleva su propia antítesis, el asfalto.

El barrio es fango, es cuna de fango. Su canto de cuna está a cargo del sapo, que como la rana, por ser batracio y anfibio, pasa una y otra vez del agua a la tierra.

La voz de Gardel es de barro.

El fango está en el origen del mundo y del hombre, como nos indica el imaginario bíblico. Pero el fango también significa pecado. Más aún, pecado social, pues tal como lo deplora Celedonio, hay un fango social, que es la miseria. El barro mancha, enloda. Se cae una y otra vez en el fango, y le puede suceder a la misma luna, que de todos modos le transmite su color plateado.

Salir del barrio es levantar vuelo y quitarse el fango.

El barrio reclama el barro como suyo, y no admite el empedrado, pero cuando ya tiene empedrado, rechaza el asfalto, y hasta besa la piedra. El asfalto es la sustancia del centro, del progreso y lo moderno, del mismo modo en que sus avenidas y sus diagonales amenazan a la estrecha callecita. Frente al progreso, el barrio se atrinchera en barricadas de barro y adoquín.

El barrio es vegetal: yuyo, jazmín, magnolia, clavel, retama, malvón, madreselva, hiedra, glicina y tantas otras más. Las flores y las plantas encabezan la acuarela de la policromía del barrio, acompañadas por los buzones, las casitas, las sombras y los paredones.

El barrio imaginado posee una amplia multiplicidad de formas y colores. Y no menos de perfumes y condimentos, pues el barrio también es un jardín y una huerta, lo que conviene a sus aspectos edénicos. No hay antítesis explícita con el centro a este nivel, pues ningún tango imagina un centro con flores, colores o aromas vegetales.

Cuando la magnolia cae desmayada en el fango del barrio, con todo lo que ambiguamente representa ese fango, el barrio edénico se conmueve descubriendo la Flor de Fango, la Milonguita, la que inexplicablemente lo abandonará por ese otro mundo, sin flores ni fango, que es el centro.

El tango en general, como género discursivo del imaginario alternativo, expresa un universo simbólico dentro del cual hay dos mundos urbanos opuestos, el barrio y el centro. A su vez, cada tango en particular es una nueva recreación del núcleo ético-mítico de la cultura popular rioplatense, relatando una pequeña historia y a la vez distinguiendo valorativamente las virtudes y las miserias de la condición humana en la ciudad.

Se trata de un imaginario alternativo, que colisiona con los discursos institucionalizados acerca de la ciudad, que son básicamente funcionalistas porque la postulan, mediante sus propias metáforas instituidas, como un mecanismo homogéneo cuyas eventuales dificultades se describen como desajustes o desequilibrios que se eliminarían mediante procedimientos de reparación o compensación.

El universo simbólico del tango también es alternativo porque aparece como "irreal", bajo las condiciones simbólicas de la poesía, que permite expresar lo indeterminado mediante el lenguaje de lo determinado, empleando la metáfora y otros tropos.

Sostener que, mientras ignoren o subestimen la relevancia crucial de este imaginario alternativo, los discursos, las normas y los comportamientos instituidos en las diferentes disciplinas, no tendrán paz, no pasa de conjetura final, tal vez abordable en nuevos estudios.

No vaya a deducirse de todo esto que tales discursos, normas y comportamientos instituidos carezcan de base simbólica, cuya manifestación lingüística son también metáforas. Las tienen en efecto, solo que tales metáforas están como cristalizadas. Han perdido su energía alternativa y, como plantea Umberto Eco (1984), ya son metonimias.

Pues la metáfora es constitutiva del conocimiento. Si, al fin y al cabo, no hay más que tránsito de algunas metáforas a otras, solamente con una metáfora podemos superar a otra que ya no nos convence (Palma, 2004 y Lizcano, 2006).

El desafío que formulan este y otros imaginarios alternativos del habitar incumbe a las disciplinas del urbanismo, el ambiente, la arquitectura y los diseños, que deberían tomar debida nota de todo aquello que se halla afuera de sus campos intelectuales. Tal vez por ello, alguna vez fueron convocadas a ir más allá de sí mismas: "(...) Puedo hablar de una escuela, de un cementerio, de un teatro, pero siempre será más exacto decir: la vida, la muerte, la imaginación" (Rossi, 1981, 94).

Bibliografía

ARISTÓTELES. (c. 334 AC [2004]). *Poética*. Buenos Aires, Argentina: Colihue.

BACHELARD, G. (1942 [1978]). *El agua y los sueños. Ensayo sobre la imaginación de la materia*. México DF, México: Fondo de Cultura Económica.
——— (1947 [1996]). *La tierra y los ensueños de la voluntad*. México DF, México: Fondo de Cultura Económica.
——— (1957 [1993]). *La poética del espacio*. Santiago de Chile, Chile: Fondo de Cultura Económica.

BACZKO, B. (1984 [1991]). *Los imaginarios sociales. Memorias y esperanzas colectivas*. Buenos Aires, Argentina: Nueva Visión.

BAJTIN, M. (1941 [1980]). *La cultura popular en la Edad Media y en el Renacimiento. El contexto de François Rabelais*. Madrid, España: Alianza.

BENJAMIN, W. (1925 [2006]). "El origen del Trauerspiel alemán". En: BENJAMIN, W. (2006). *Obras, Libro I/volumen 1*. Madrid, España: Abada.

BERGER, P. y LUCKMANN, T. (1966 [2003]). *La construcción social de la realidad*. Buenos Aires, Argentina: Amorrortu.

BOBES, C. (2004). *La metáfora*. Madrid, España: Gredos.

BOURDIEU, P. (1979 [1999]). *La distinción. Criterio y bases sociales del gusto*. Madrid, España: Taurus/ Santillana.

BRAUDEL, F. (1949 [1992]). *El Mediterráneo y el mundo mediterráneo en la época de Felipe II*. México DF, México: Fondo de Cultura Económica.

CARELLA, T. (1956). *Tango. Mito y esencia*. Buenos Aires, Argentina: CEDAL.

CASSIRER, E. (1923-1929 [2003]). *Filosofía de las formas simbólicas I-III*. México DF, México: Fondo de Cultura Económica.

CASTORIADIS, C. (1975 [2003]). *La institución imaginaria de la sociedad. II: El imaginario social y la institución*. Buenos Aires, Argentina: Tusquets.

DOBERTI, R. (1992). *Lineamientos para una Teoría del Habitar*. Morón, Argentina: Colegio de Arquitectos de la Provincia de Buenos Aires (CAPBA).

DURAND, G. (1992 [2005]). *Las estructuras antropologicas del imaginario. Introducción a la arquetipología general*. México DF, México: Fondo de Cultura Económica.

ECO, U. (1984 [1990]). *Semiótica y filosofía del lenguaje*. Barcelona, España: Lumen.

Fraschini, A. E. (2008). *Tango: tradición y modernidad. Hacia una poética del tango*. Buenos Aires, Argentina: Editoras del Calderón.

Ginzburg, C. (1976 [2008]). *El queso y los gusanos. El cosmos según un molinero del siglo XVI*. Barcelona, España: Península.

Graves, R. (1949 [1983]). *La Diosa Blanca*. Madrid, España: Alianza.

Kusch, R. (1966a [2007]). "De la mala vida porteña". En: Kusch, R. (2007) *Obras completas, Tomo I*. Rosario, Argentina: Fundación Ross.
——— (1966b [2007]). "Indios, porteños y dioses". En: Kusch, R. (2007) *Obras completas, Tomo I*. Rosario, Argentina: Fundación Ross.
——— (1978 [2007]). "Esbozo de una antropología filosófica americana". En: Kusch, R. (2007) *Obras completas, Tomo III*. Rosario, Argentina: Fundación Ross.

Lizcano, E. (2006 [2009]). *Metáforas que nos piensan. Sobre ciencia, democracia y otras poderosas ficciones*. Buenos Aires, Argentina: Biblos.

Marechal, L. (1948 [1982]). *Adán Buenosayres*. Buenos Aires, Argentina: Sudamericana.

Palma, H. (2004 [2007]). *Metáforas en la evolución de la ciencia*. Buenos Aires, Argentina: Jorge Baudino Ediciones.

Revel, J. (2005). *Un momento historiográfico. Trece ensayos de historia social*. Buenos Aires, Argentina: Manantial.

Ricoeur, P. (1960 [1969]). *Finitud y culpabilidad*. Madrid, España: Taurus.
——— (1965 [2012]). *Política, sociedad e historicidad*. Buenos Aires, Argentina: Prometeo.

————— (1969 [2003]). *El conflicto de las interpretaciones. Ensayos de hermenéutica*. Buenos Aires, Argentina: Fondo de Cultura Económica.

Rossi, A. (1981 [1984]). *Autobiografía científica*. Barcelona, España: Gili.

Sabugo, M. (2013a). *Del barrio al centro: imaginarios del habitar en las letras del tango*. Buenos Aires, Argentina: Editorial Café de las Ciudades.
————— (2013b). "Tu casa ya no está: imaginarios del habitar residencial en las letras del tango rioplatense". En: *Anales de investigación en arquitectura*. Montevideo, Uruguay: Facultad de Arquitectura. Universidad ORT Uruguay (En prensa)
————— (2014). "Las cosas que ahora se ven. Imaginario de los artefactos y la indumentaria en el tango". En: *Arquitextos*. abr. 2014. Sao Pablo, Brasil. Consultado en: <http://www.vitruvius.com.br/revistas/read/arquitextos/14.167/5191>.

Sartre, J. P. (1940 [1997]). *Lo imaginario. Psicología fenomenológica de la imaginación*. Buenos Aires, Argentina: Losada
————— (1960 [1997]). *Crítica de la razón dialéctica*. Buenos Aires, Argentina: Losada.

Vidart, D. (1967 [2007]). El tango y su mundo. Montevideo, Uruguay: Ediciones de la Banda Oriental.

Vilariño, I. (1981 [1995]). *El tango (estudio y antología)*. Montevideo, Uruguay: Cal y Canto.

Yunque, A. (1961). *La poesía dialectal porteña. Versos rantes*. Buenos Aires, Argentina: Peña Lillo.

GABRIELA SORDA

Imaginarios instituyentes e imaginarios populares solitarios. La Comisión Nacional de Casas Baratas y su boletín *La Habitación Popular*

La Ley 9677 (1915) de creación de la Comisión Nacional de Casas Baratas (CNCB), tiene el conocido mérito de ser la primera que instaló al Estado Nacional en el rol de productor de viviendas sociales. Si bien existía algún antecedente a nivel local, y políticos y profesionales de la época conocían las experiencias extranjeras de construcción estatal de vivienda; la propuesta del católico y conservador Juan F. Cafferata parecía contradecir potentes representaciones sobre cuál debía ser el rol del Estado Nacional. En el debate previo a la aprobación de la ley, el socialista Enrique Dickman criticaba que mientras "la tendencia universal es fomentar y facilitar la iniciativa privada y la colectiva", el proyecto pretendía "constituir una comisión nacional, con el propósito de edificar ella misma casas en todo el país". A este reproche Cafferata lo minimizó aduciendo que la construcción de viviendas era "una de las tantas funciones que tiene la comisión". Dickman lo refutó: "Es la principal", dijo. (Gutiérrez y Gutman, 1988, 25).

Efectivamente, la ley jerarquiza como primera atribución de la Comisión "La inversión de los fondos destinados a la presente ley, mediante la contratación con sociedades de construcción y con particulares, de casas higiénicas y baratas" (Ley 9677/15 art.3). Las otras atribuciones, que fomentan la construcción privada y/o asociativa, son descriptas en los incisos consecutivos. De los siguientes 26 artículos, 15 versan sobre cuestiones de gestión de las construcciones estatales; 7 tratan otras cuestiones administrativas (arts. 21 y 24-29); 2 artículos plantean medidas de fomento para la construcción estatal, privada o asociativa de casas baratas (arts. 10-11); y sólo 2 describen mecanismos de fomento exclusivos para los actores privados y/ o asociativos (arts. 12-13), cuya utilización estaba sujeta al control de la Comisión.

Durante las casi tres décadas de existencia de la Comisión, la novedosa y discutida idea del Estado Nacional como productor de vivienda, se transformó en una representación lo suficientemente aceptada como para poder convertirse, en el período siguiente, en una política de Estado. Este trabajo da cuenta de cómo se dio tal proceso puertas adentro de la Comisión, así como de la relación de esta última con los destinatarios de sus políticas: los actores populares, contrastándolo con las representaciones contenidas en los pocos discursos populares incluidos en los documentos institucionales y explorando las relaciones, a veces dislocadas, entre ambos imaginarios con la realidad de la gestión. Para todo ello también se hacen citas específicas de su boletín La Habitación Popular (LHP).

Además de las tendencias culturales hegemónicas en cada período, y la propensión ideológica del gobierno de turno, para explicar las políticas de la Comisión también debe prestarse atención

a las representaciones propias de diversos actores en tanto individuos, ya que aparecen disputas y confrontaciones de imaginarios
sociales, espaciales y de gestión incluso dentro del mismo grupo
de actores y a su vez aparecen persistencias a través del tiempo
que no pueden caracterizarse solamente a través de la memoria
institucional.

Actores, modelos y voces autorizadas

La Comisión, cuyos miembros eran designados por el Poder Ejecutivo, tuvo una composición bastante estable: el total de cinco
cargos (Presidente, Vicepresidente, Tesorero, 1er vocal, 2do vocal)
que hubieran debido renovarse cada año, durante el transcurso de
27 años generaron 135 puestos que fueron cubiertos por sólo 24
personas. Las mayores repitencias sucedieron durante los gobiernos radicales. Benjamín Nazar Anchorena y Juan Ochoa, con 15
cargos cada uno, fueron quienes más puestos ocuparon casi do-
blando al actor siguiente: Carlos Coll, que ocupó ocho; en un contexto modal de siete actores que ocuparon dos puestos cada uno.
De los 24 actores, 21 eran universitarios, principalmente aboga-
dos, médicos, ingenieros y también arquitectos. Es decir que pertenecían a un ámbito social muy acotado y específico. Los miembros
de la CNCB que tenían una actuación pública notoria por fuera de
ésta, actuaron durante las presidencias radicales. La aparición de
estos notables refuerza el proceso de legitimación de la institución,
a través del renombre de los técnicos y sus saberes científicos.

El aparato conceptual científico-académico moldeó su abordaje de la realidad, instrumentalizando valoraciones previas. Respecto de la búsqueda de datos que permitieran caracterizar la situación habitacional, en los primeros tiempos se recurrió a fuentes

gubernamentales locales, para el territorio (Capital Federal) y la tipología (conventillo) donde la CNCB consideraba que su actuación era una "necesidad urgente". Cuando la idea de necesidad se amplió territorialmente, se pidió a las autoridades que se realizaran censos en todo el país. La CNCB también diseñó sus propios instrumentos, como el Cuestionario aprobado por la CNCB "para las Comisiones ad –honorem que se designarán en cada provincia" (LHP 2, 1934, 22) para describir la realidad clasificándola arbóreamente. Asimismo, se recababa información sobre los habitantes y/o aspirantes a sus viviendas, produciendo estudios como la *Investigación y Estudio Comparativo de las condiciones sociales y económicas de las familias aceptadas para el sorteo de las viviendas del Barrio Alvear* (MCNCB 1940/1 1941, 50-51). La CNCB también difundió instrumentaciones que implicaban representaciones sociales muy distintas a la suya. Así, su fichaje de los beneficiarios, que incluía un control de la moralidad (LHP 33), a ser definida por una asistente social del Museo Social Argentino (LHP 36), fue contemporáneo a la publicación de un trabajo de Elizabeth Coit (LHP 34-35, 36, 37) basado en la valorización de su lugar de residencia por parte de los usuarios de vivienda social norteamericana. Si bien estas voces aparecen mediadas por el armado discursivo de las instituciones encuestadoras, se diferencia de las prácticas de la CNCB en que la valorización de la realidad no la realizaban los especialistas.

Como institución sin precedentes en el país, la CNCB se informó sobre tipologías y/o modelos de gestión de instituciones y organizaciones experimentadas. En los primeros tiempos se recabó información sobre la vivienda popular edificada por actores nacionales no estatales, como el Hogar Obrero. Cuando se desarrollaron instituciones públicas en el interior, se interesaron por sus prácticas, por ejemplo la Municipalidad de Rosario, si bien no dejaron de seguir anoticiándose de la obra privada, como es el caso de la Cervecería Quilmes.

Pero los pares institucionales propiamente dichos se encontraban en el extranjero. Se daba por sentado que los legisladores que aprobaron la Ley 9677 querían "Traer al país los beneficios de la obra social realizada tan ampliamente en Europa" (MCNCB 1915/6 1916, 15). Una explicación dependentista postularía que dicha hegemonía configuró incluso el recorte problemático, ya que si bien la CNCB entendía como problema las "rancherías" en el interior, consideraba que la urgencia se localizaba en espacios con alta densidad habitacional y urbana a la manera de las políticas modélicas. En 1930 se justificaba la elección de vivienda colectiva en el hecho de que era utilizada en "ciudades americanas y europeas" (MCNCB 1930/1 1931, 23). Luego se agregó Estados Unidos a los países ejemplares del hemisferio norte. En la década del 30, en un contexto de relación con otros países latinoamericanos propiciado por la organización del Primer Congreso Panamericano de Vivienda Popular, recibieron descripciones de políticas con dicho origen. Parte de esa información fue publicada en LHP, y se propuso un archivo de legislación comparada (MCNCB 1939/40, 1940, 24-25).

El procedimiento científico de la experimentación no fue demasiado utilizado. Un temprano concurso para proyectos y sistemas constructivos económicos no tuvo los resultados esperados (MCNCB 1934/5 1935, 17-18). Una década después, el Ing. Wauters, invitado a escribir en LHP, criticó esa argumentación institucional:

"La Comisión escribe, en efecto, que 'nada queda ya por averiguar sobre las características técnicas (...) de la vivienda popular (...) no hay que perder tiempo con los pseudo inventos o inventores de procedimientos económicos (...)'. Estas afirmaciones no nos convencen. Es siempre difícil combatir los prejuicios y la rutina" (LCH, 1 1934, 16-17).

Sin embargo, la Comisión utilizó el término "ensayo" para nombrar prácticas novedosas en nuestro contexto socio productivo, como la aplicación de ciertos partidos arquitectónicos: "Este tipo de vivienda, en uso en otros países, ha sido adoptado con carácter de ensayo" (MCNCB 1939/40, 1949, 17). También se planificaron dos viviendas "de ensayo" en el Barrio Cafferata, para conocer las problemáticas inherentes al proceso de obra, ya que en ese momento se consideraba que su función no era "la tarea mecánica de licitar construcciones más o menos irreflexivamente para darse la fácil satisfacción de que las casas se hicieran pronto pero de cualquier modo" (MCNCB 1918/9, 1919, 17). Esta preocupación cualitativa sobre la gestión no fue frecuente en los discursos de la Comisión, en los que primó la urgencia en construir.

El Museo Social Argentino (MSA) fue la institución de producción y socialización científica de mayor relación con la CNCB. Uno de sus miembros, el Ing. Iribarne, fue vicepresidente de la Comisión desde 1937, pero ya en 1916 el Dr. Aráoz Alfaro, entonces presidente de la CNCB, coorganizó junto a Ibarguren del MSA, entre otros actores, el Congreso Americano de Ciencias Sociales (Krmpotic, 2002, 42). En 1920, el Primer Congreso de la Habitación, concebido por el MSA, organizó visitas a las viviendas construidas por la Comisión (Zanzottera, 2012). En 1924 la CNCB designó representantes (MCNCB, 1924/5, 1925, 32) para el Congreso de Economía Social, también organizado por el MSA (Acosta, 2009). El Comité Directivo de la Sección de Urbanismo Social de la Primera Conferencia Nacional de Asistencia Social contaba con miembros de la CNCB y en la conferencia participaron miembros del MSA (Krmpotic 2002). La CNCB colaboró además con la organización del célebre Primer Congreso Panamericano de Vivienda Popular, difundiéndolo a través de su boletín, buscando apoyo de gobiernos latinoamericanos (LHP 7, 9, 10 y

12) y aportando dinero para su organización (MCNCB, 1939/40, 1940, 49-50).

Misiones y visiones

La primera Comisión fue presidida por Marcelo T. de Alvear hasta que pasó como Embajador a Francia. La Comisión precisó la razón de su existencia como un problema de exposición: "El espectáculo desagradable que ofrece la vivienda modesta en la Capital Federal ha sido la causa eficiente" (MCNCB, 1915/6, 1916, 15) para promulgar la ley; caracterizando la política habitacional no como satisfactor de las necesidades de sus receptores, sino en función de otros actores, los que la observaban. La necesidad de producir viviendas era valorizada como "urgente" (LHP 3, 1934, 102). Sin tener inicialmente ni siquiera un espacio físico propio donde reunirse, ni los fondos para construir, y antes incluso de comenzar el proyecto para su reglamentación, la Comisión comenzó a discutir cómo y dónde debía construir y a buscar terrenos para ello (LHP 2, 1934,86-87). Este fuerte impulso por la acción directa era resistido por el ya mencionado Juan Ochoa, para quien los medios del organismo eran "La acción directa del Estado (…) y la acción de los mismos beneficiarios, estimulada y fomentada por el gobierno (…) está clara la importancia primaria del segundo" (LHP 5, 1935, 43). Dicha jerarquización debía manifestarse en la reglamentación de la ley. Ochoa pidió que se revise su borrador para que este persiga el "estímulo del esfuerzo individual" (LHP 5, 1935, 44), pero además propuso que el Congreso modifique la Ley 9766, "A fin de crear recursos para los préstamos a las sociedades que se ocupen de las 'casas baratas'" (LHP 5, 1935, 45); es decir que la Comisión realizara transferencias directas de recursos a la oferta. Disputando en torno a la noción de urgencia que en la concepción de Alvear se asociaba a la producción efectiva de viviendas, para Ochoa "La tarea inmediata (…) (era la) preparación para propaganda y difusión de la Ley" (LHP 5, 1935, 44).

Si bien se hicieron algunas modificaciones, el texto aprobado expresó una jerarquización diferente a la propugnada por Ochoa: "La Comisión invertirá los fondos en la construcción de Casas Baratas, individuales y colectivas, y en la realización de los gastos que demande la ejecución de esta y de las demás finalidades de la Ley 9677" (MCNCB 1918/9, 1919, 76). La reglamentación establecía dos tipos de instrumentos, primero la producción estatal de vivienda y en segundo lugar los instrumentos de fomento. Con respecto al primero, la presentación del proyecto de reglamentación definía que la vivienda estatal serviría:

> "(…) Para cumplir el propósito de higienizar la vivienda popular y fomentar la estabilidad del hogar, dentro de los límites hasta dónde puede llegar el Estado con los medios financieros de que dispone al efecto, y también para demostrar prácticamente la posibilidad de que los capitales privados se apliquen con ventajas a la realización de construcciones que, sin dejar de servir a negociaciones beneficiosas para esos capitales, serán obra de bien social" (MCNCB 1915/6, 1916, 29).

El primer objetivo propone como destinatario de la política al receptor de la vivienda, que es descripta a través de componentes higiénico-axiológicos, asumiéndolos como necesidad de un sujeto impreciso, pues no se aclara si se trata de necesidades de sus habitantes o del resto de la sociedad. Las limitaciones de los fondos estatales son aceptadas pragmáticamente: se hará lo que se pueda.

El segundo objetivo incluye a los capitales privados como destinatario de la política como artefacto modélico-educativo. El bien social era un plus valor a un negocio cuyos rindes había que demostrar. Al igual que los instrumentos impositivos de fomento, este objetivo tenía como axioma que el capital puede reproducirse construyendo viviendas populares. No hay espacio aquí para detallar demasiado los resultados, sólo aclararemos que respecto a los beneficios impositivos, no fueron demasiado utilizados por los privados ni por las asociaciones civiles, aunque sí por otros organismos estatales.

La Comisión siguió apelando a la acción privada con argumentaciones pragmáticas y referencias a los limitados recursos económicos estatales. En 1919 enunciaba que:

> "(…) Su obra debe ser, por ahora, de ejemplo y estímulo para los particulares y empresas que deben ser los factores indispensables para la solución del grave problema (…). El Estado no puede, por sí solo, proveer los medios necesarios para esa solución. En tales condiciones, el capital particular debe ser factor predominante, y la acción del Estado debe dirigirse principalmente a dar el ejemplo y a estimular la acción privada, tanto más si, como actualmente, el Estado (…) carece de recursos suficientes para iniciar las obras con la amplitud que requieren las necesidades de la población" (MCNCB 1918/9 1919, 9).

A partir de 1921, Nazar Anchorena saltó de vocal a Presidente, abriendo un período en el que los miembros tendían a mantenerse en el mismo puesto: Anchorena siguió en ese cargo hasta 1927; Ochoa, que había sido vocal, y desde 1918 era tesorero, continuó en ese puesto todo esta etapa; y la vicepresidencia y la vocalía primera se alternaron entre Coll y Grandi. Continuaban los problemas económicos institucionales pero a pesar de ello, la acción privada dejó de ser concebida como factor predominante, para convertirse en complemento de la construcción estatal:

"(…) La acción del Estado debe imperiosamente recibir como complemento, para la más completa eficacia, en la amplitud de esta obra, la iniciativa particular, puesto que aquél, por sí sólo, no puede satisfacer la necesidad de casas higiénicas y económicas en la proporción que se necesita" (MCNCB 1921/2, 1922, 11-12).

El pragmatismo de los primeros años respecto del alcance de la construcción estatal comenzó a dar paso a aspiraciones de ampliar su cuantía, incluso invocando el "reclamo tan insistente como justo de la población trabajadora" (MCNCB 1924/5 1925, 10). Se multiplicaron las representaciones que aluden a necesidades y urgencias, en el marco de una creciente complejidad en la conceptualización de las políticas. En 1922 se lamentaba "La carencia de una fuente económica estable y productiva, que le permita abarcar, en una proporción mayor, el problema de la casa barata (…) (acorde a) la urgencia de su solución" (MCNCB 1922, 11-12). El tiempo determina las políticas y la continuidad de los recursos. Más adelante se expuso que:

"(…) En la actualidad lo que corresponde al Estado (…) es hacer obra práctica, que sea eficaz por su cuantía y se necesita (…) una fuente de recursos importante y permanente, por lo menos durante varios años, hasta tanto con la misma renta o reintegro de las casas construidas pueda asegurarse la construcción anual de un número de habitaciones que represente un porcentaje apreciable de las urgencias de la población" (MCNCB 1924/5 1925, 7-8).

Además de la sustentabilidad económica, el párrafo insiste en las nociones temporales del anterior, agregando con la frase "En la actualidad lo que corresponde al Estado", la idea de que la política puede variar en el tiempo. En otro tramo, el componente temporal se manifiesta con la noción de ritmo:

"(…) Una necesidad sentida e impostergable, no se ha provisto el medio permanente para ella, en la medida de lo necesario, ni aún en la de lo posible (…) la lentitud y limitación que emerge de la falta de recursos (…) la oferta efectiva que actualmente es posible realizar es insignificante (…) cantidad cuya exigüidad (…) no alcanza a satisfacer ni una centésima parte (de las necesidades)" (MCNCB 1924/5, 1925, 10).

La esfera temporal de las necesidades colisiona con el ritmo de la obra pública que es representado como lento, debido a la falta de recursos. Esta relación entre dos temporalidades, al año siguiente se manifestó a través del concepto de "velocidad" de la obra (MCNCB 1925/6, 1926, 5).

En 1927 se sancionó la Ley 11393, que beneficiaba económicamente a los habitantes del Barrio Cafferata, algunos de los cuales habían llevado a juicio a la Comisión. Para sus miembros, de aplicarse el beneficio, "La economía de la Ley 9677, sufriría un serio quebranto" (MCNCB 1927/8, 1928, 12). Es probable que dicha ley se relacione con la crisis institucional que vivió paralelamente la Comisión, a causa de numerosas renuncias y la acefalia del año 1928.

Las Memorias de ese período se ocupan principalmente de las consecuencias de la nueva Ley. En ese contexto crítico, no se explayaron en descripciones sobre la misión institucional, pero los discursos remitían a la producción estatal. Se esperaba que Irigoyen propiciara "(…) En su segunda presidencia, la obra inconclusa de la Comisión, facilitando los fondos necesarios y mucho más" (MCNCB 1928/9, 1929, 12).

Después del golpe de 1930 la CNCB reinició sus funciones con actores nuevos, que desplazaron la preocupación sobre lo temporal hacia la esfera espacial, con metáforas grandilocuentes: "(…) Se hace indispensable arbitrar recursos, conducentes al cumplimiento de la Ley (...) sin reparos ni diques que la contengan" (MCNCB 1930/1 1931, 10). Se necesitaba "Dotarla de medios de gran escala (...) (de) forma impostergable (...) la urgencia de recursos heroicos" (MCNCB 1930/1 1931, 11). A diferencia del alcance parcial propuesto en el pasado esta ambiciosa Comisión pretendía "Satisfacer las aspiraciones de la mayoría, sino de todos" (MCNCB 1930/1 1931, 31). En tanto se habla de aspiraciones y no de necesidades aparece un reconocimiento del receptor de la vivienda como sujeto activo. La apelación a la ampliación de los recursos se contrastaba con lo producido anteriormente, descripto en términos de diminutez: "El reducido número de viviendas construidas, representa una ínfima proporción con relación a las necesidades siempre creciente de nuestra población" (MCNCB 1930/1 1931, 10).

Esta nueva Comisión consideraba que el Estado no podía cederles fondos, por lo cual el modelo de gestión sería "(...) Un engranaje rotativo de los capitales empleados, que permita aplicarlos de nuevo al mismo fin, en proporción continua y razonable" (MCNCB 1930/1 1931, 31). En este marco, la participación privada es nombrada en relación a la falta de fondos, pero con una dirección contraria a los instrumentos de subsidio a la oferta propuestos hasta entonces. Ahora se esperaba que los privados financiaran al Estado: "No debemos tampoco cifrar únicamente el éxito de la Ley a los aportes del Estado (...) Es menester que la conciencia pública (....) contribuya por medio de la participación (....) (la Ley) autoriza a la Comisión a recibir donaciones y legados" (MCNCB 1930/1, 1931, 10). Se esperaba:

"(...) Interesar al comercio (...) para la edificación de casas baratas (...) difundir el conocimiento de esta Ley y de su obra social, de modo que se injerte en la conciencia nacional, el convencimiento, de que colaborar en su progreso es obra alentadora y patriótica (…) porque une a la familia y fomenta la paz y la tranquilidad" (MCNCB 1930/1, 1931, 12).

La vivienda obrera seguía siendo retratada como un medio para lograr la paz y estabilidad social, idea que se expone literal y simbólicamente unida a la de cohesión familiar, aquí llamada "unión", pero que en 1917 se figuraba como "estabilidad".

Durante el gobierno de Justo, nuevos miembros comenzaron a ascender y otros como Ochoa regresaron al organismo. La economía de la CNCB no mejoró. Ochoa describía la misión de la CNCB del mismo modo que dos décadas antes: "La Ley 9677 que, esencialmente, tiende a estimular y fomentar la iniciativa privada (…)" (LHP 11 1936, 8); la inclusión de los privados, antes fundamentada en su interpretación de la Ley, es explicada ahora por la carencia de recursos estatales:

> "(…) La acción política desarrollada por ella (la CNCB) hasta la fecha no guarda proporción con las grandes necesidades y urgencias de la población; pero, no debe olvidarse que (…) (son) reducidos sus recursos económicos (…) Por ello, desde los primeros momentos de su existencia, procuró despertar la iniciativa privada e interesar a la opinión pública en el problema – aunque sin resultados ponderables" (LHP 11, 1936, 8-9).

En última instancia, para el discurso oficial de ese momento, la solución radicaba "esencialmente, en la acción personal empeñosa de los propios beneficiarios y en la solidaridad social que entre ellos debe existir" (MCNCB 1934/5, 1935, 9).

Si cinco años antes, la idea de conciencia nacional se relacionaba con la transferencia de recursos entre distintos sectores económicos, ahora la solución asume una fragmentación en donde los actores necesitados de vivienda debían autogestionarse y autosustentarse mediante la ayuda mutua, a través de la asociación cooperativa (MCNCB 1934/5, 1935, 12). De todos modos, el beneficio obrero si era visto como conveniente para otros sectores: "Creando un estado favorable para el proletariado, se concurre un aumento de la capacidad productiva de nuestro pueblo" (MCNCB 1935/6 1936, 10). En un marco en que el receptor de las políticas era denominado "proletariado", es decir en términos de su rol en el sistema económico, su albergue sigue sin ser el objetivo final, sino un medio para mejorar la eficiencia de la mano de obra. Los beneficiarios de la política pública no eran solo los obreros sino también sus empleadores. Aún creyentes en que la construcción de vivienda obrera sin financiamiento estatal, podría llegar a producir ganancias para los privados, la Comisión atribuía su no involucramiento a "factores de depresión":

> "(…) La acción oficial debe ser subsidiaria, de estímulo y fomento. Mas el retardo de la acción privada, que hoy más que nunca se concreta en una inercia casi absoluta, obedeciendo a factores de depresión conocidos, nos decide a auspiciar, circunstancialmente, que el Estado supla la ausencia del concurso privado con una acción oficial ponderable. Es evidente que para ello requiere (…) de recursos en cantidad apreciable" (MCNCB 1935/6 1936, 9).

Este discurso invierte los términos anteriores acerca de los roles del Estado y los privados: ya no se decía que era necesaria la participación de los privados debido a la falta de recursos estatales, sino que se vuelve necesaria la acción estatal debido a la inercia de los privados.

En 1937, Nazar Anchorena vuelve a la Comisión como Presidente, y desde este momento se instituyó una estructura que continuó hasta la disolución final del ente.

En este último período finalmente se recibieron fondos presupuestarios en un contexto donde se multiplicaban las iniciativas para solucionar la problemática de la vivienda obrera. La apelación a la acción privada quedó relegada. La cuestión cuantitativa se abordaba desde lo espacial y lo temporal: "Asignación de recursos en gran escala que le permitan soluciones amplias y definitivas, a cambio de las esporádicas y transitorias" (MCNCB 1938/9, 1939, 9).

En el ocaso de su existencia la CNCB hizo un balance que, fuera de su melancólica ucronía, reiteraba su representación predominante, aquella de los resultados cuantitativamente pobres debido a la falta de recursos estatales:

> "La obra cumplida por la CNCB ha sido muy meritoria, si se tiene en cuenta la insignificancia de los recursos que el Estado le ha concedido en los 28 años que lleva de existencia (...) pese a las pocas viviendas que ha podido construir, y de la importancia de la obra que pudo haber realizado (...) si los poderes públicos le hubiesen prestado el apoyo acorde con su trascendental finalidad" (LHP 36 1943, 47).

Si bien su Ley constitutiva daba preponderancia a la producción estatal de vivienda, recién en 1943, como se ve, ese criterio había terminado de formar parte del sentido común institucional.

Territorios, necesidades y urgencias

Apenas constituida, la Comisión comenzó a buscar terrenos (LHP 2, 1934,86-87). Por ley, la CNCB podía actuar tanto en la Capital Federal como en los por entonces denominados "territorios nacionales", los cuales cubrían gran parte del país. Sin embargo, las búsquedas se enfocaron en el territorio representado como zona problemática que había dado sentido al organismo: "La vivienda modesta en la Capital Federal ha sido la causa eficiente" (MCNCB 1915/6, 1916, 15) para crear la Comisión. Los recursos limitados conducían a la misma prioridad:

"(…) La necesidad de aplicar la Ley primeramente en la Capital de la República, donde podrá ser llevada a efecto antes que en otra parte y donde son más urgentes las necesidades" (LHP 2, 1934, 83-84).

La urgencia tenía además un correlato tipológico:

"En la Capital Federal es donde más elocuentemente se ha manifestado desde mucho tiempo atrás el malestar causado por esa clase de vivienda denominada 'conventillo', de tan perniciosa influencia en la higiene y en la moralidad de la población (…) un problema urgente a resolver: la eliminación paulatina pero la más rápida que sea posible, de los 'conventillos'" (MCNCB 1915/6 1916, 15).

Para eliminar la tríada conceptual conventillo-falta de higiene-falta de moralidad, la Comisión sugería ordenanzas para controlarlos (MCNCB 1918/9, 1919, 24-31), y prohibir la radicación de inmigrantes en la Capital Federal (MCNCB 1924/5, 1925, 11). En el plano de la elección de tipología edicilia, vuelve a aparecer una adaptación del "ideal", esta vez a lo "conveniente", debido a la "urgencia" y "necesidad" y remitiendo a la postura del presidente Alvear:

"(…) Se conviene que el ideal es la casa individual; pero, el Presidente sostiene que lo más urgente (…) es eliminar el 'conventillo' y que, con ese propósito, es conveniente comenzar la construcción de casas colectivas para alquilarlas a las familias más necesitadas, que son las que viven en los 'conventillos' y las que deben merecer la atención inmediata" (LHP 2, 1914,85).

En contra de la tipología de casa unifamiliar, Alvear aducía que las viviendas colectivas resolvían con "urgencia (…) más pronto" (LHP 3, 1934, 102) el problema y que las condiciones de trabajo del obrero no aseguraban una estadía fija, por lo cual era mejor el régimen de alquileres.

Dentro de la Ciudad de Buenos Aires, la localización de los terrenos a comprar es valorada en función de su cercanía a lugares de trabajo en el centro. Diez años más tarde se seguía ese criterio, pero la localización se había extendido: "Combatir el conventillo en los centros de mayor labor industrial y comercial, donde la población obrera es densa" (MCNCB 1928/9, 1929, 9). El primer terreno en el que se interesaron pertenecía al Gobierno Nacional. Si el terreno no fuera cedido, a su juicio era conveniente comprarlo aún a precio de mercado debido a "su ubicación estratégica con relación al importante grupo de obreros que trabaja en el puerto y cuyas familias habitan 'conventillos'" (LHP 3, 1934, 101). Sin embargo, en 1916 comenzaron a buscar otros terrenos en el mercado (LHP 4, 1935, 96). Los lotes que se compraron en aquellos tiempos no están tan cerca del puerto, apareciendo un hiato entre la localización ideal y la efectiva que no parece haberse debido a problemas económicos. Sin embargo, una idea de racionalidad económica medió en la elección de la localización de los tipos. Se entendía que la vivienda individual "no puede ser construida sino en lugares donde el terreno sea barato" (MCNCB 1915/6, 1916, 15), es decir, más alejado del centro; y que la "habitación sana y barata en lugares cercanos a los centros de labor" (MCNCB 1915/6, 1916, 15) debía ser vivienda colectiva.

La CNCB compró casi todos los terrenos sobre los que edificaría en la Capital Federal en su primera década de actuación.

Una primera tanda (MCNCB 1918/9, 1919, 10-15) se compró a menos de dos años de haber recibido los fondos de la Ley 7102. Se declaró que habían "logrado, durante el ejercicio de 1918, dar fin al programa inicial de adquisiciones de terrenos" (MCNCB 1918/9, 1919, 10), aunque inmediatamente se compraron otros dos. Fuera de un lote anexo al que ya poseían, donde se construyó la Casa América, el único terreno en la Capital comprado en sus últimos años de existencia se ubicó en La Boca. La CNCB había persistido en su intento de comprar en ese barrio a lo largo de toda su historia. La compra del terreno en el cual luego edificó la Casa Colectiva Martín Rodríguez (en la esquina de la calle homónima y Avenida Pedro de Mendoza) permitió a la CNCB, en el año de su disolución, habilitar la Casa Colectiva en el barrio imaginado desde sus comienzos institucionales como localización ideal de sus productos.

Apenas comprados los primeros terrenos, la CNCB comenzó a construir. La primera edificación concluida fue en 1919 la Casa Colectiva Valentín Alsina, en la Avenida Caseros esquina 24 de Noviembre, frente al Parque de los Patricios. Con racionalidad institucional, este barrio fue conceptualizado como modelo de las futuras viviendas colectivas, así como las viviendas individuales del Barrio Alvear, de 1927, entre las Avenidas Alberdi y Olivera, en Parque Avellaneda, se conceptualizaron como modelo de su tipo.

Sin embargo, durante el largo tiempo que pasó entre los primeros proyectos y la construcción, aparecieron partidos arquitectónicos que daban cuenta de otros imaginarios espaciales. Más adelante, se volvería a intentar optimizar la gestión recurriendo a soluciones ya encontradas. En la Casa Colectiva Patricios (24 de Noviembre y Rondeau, Parque Patricios, 1939) a fin de disminuir costos, se suprimieron pasillos y se aunaron la sala y la cocina, solución que se pensaba repetir en nuevas viviendas colectivas del barrio Alvear (MCNCB 1939/40, 1940, 16).

En el Barrio Cafferata (entre las calles José María Moreno, Asamblea, Estrada y Riglós, Parque Chacabuco) y en la Casa Colectiva Bernardino Rivadavia (Defensa 767, San Telmo), los lotes se edificaron de una sola vez, por lo cual las transformaciones proyectuales solo quedaron en papel. En cambio, tanto en el lote donde se construyeron la Casa Colectiva Valentín Alsina y el conjunto Patricios, como en el gran terreno donde se construyó el Barrio Alvear, los largos lapsos entre etapas de construcción hicieron que se manifestaran diferentes imaginarios espaciales. Las casas del Barrio Alvear, inauguradas en 1927, tienen un lenguaje pintorrequista que contrasta con las racionalistas viviendas colectivas inauguradas en 1939, que a su vez quedan pequeñas en relación a la escala de los monoblocks construidos durante el peronismo. Es de notarse que, en viviendas colectivas, se consideró la eficiencia económica de un partido en el que "si bien se multiplica el número de escaleras, se consigue en cambio una reducción considerable en los gastos de mantenimiento, ya que se hace innecesario personal de limpieza para las mismas" (MCNCB 1939/40, 1940, 17). Al no poder ser vendidas las unidades, el mantenimiento de los espacios comunes (MCNCB 1927/8, 1928, 35) correspondía a la Comisión, que debía contratar limpieza y jardinería (MCNCB1932/3, 1933, 48-50).

El barrio Guillermo Rawson (Tinogasta, Zamudio, Espinosa, en Agronomía, 1934) también presenta huellas de diferentes imaginarios espaciales. Pero en este caso no mediaron entre ellos largos períodos de tiempo, sino cambios abruptos en la composición de la Comisión. Basándose en un estudio encomendado a los miembros Prebisch y Paz, decidió que "el mejor tipo de casa habitación para empleado y obrero, era la casa colectiva" (MCNCB 1930/1, 1931, 23), y se proyectaron 14 cuerpos de edificios y uno de administración. Avanzada la construcción, una nueva Comisión modificó el plan construyendo viviendas individuales

(MCNCB 1932/3, 1933, 8), por lo cual quedaron solo nueve monoblocks construidos (Dunowicz, 2000).

Educando y cuidando al pueblo

La CNCB entendía tener una misión educativa, justificada por las carencias de sus beneficiarios en cuanto a la comprensión de algunos principios como la "noción de esfuerzo propio", que implicaba

> "(...) El pago en dinero y la conservación decorosa del derecho que se adquiere. Sobre esto existe una falta de comprensión y compenetración gravísima, como lo demuestran las moras reiteradas (....) Todo esto (...) reclama una acción intensa de cultura popular, pues solo por la carencia de ésta se explica la incomprensión de que hacemos referencia" (MCNCB 1934/5, 1935, 12-13).

Entendiendo que las moras en los pagos se debían "en gran parte a la falta de concepto que se tiene sobre la finalidad de la Ley 9677" (MCNCB 1934/5, 1935, 19-22), se emitieron notas instando a los vecinos a pagar. El intento de convencimiento se debía al "(...) deseo (...) de no ejercitar la coerción (...) sino que por una acción de cultura, se llegue a que esas prescripciones coercitivas sean innecesarias" (LHP 5, 1935, 7-8). En el marco de esa supuesta carencia cultural la CNCB proponía premios de estímulo a los jardines y viviendas mejor cuidados (MCNCB 1934/5, 1935, 17) debido a que "La Ley 9677 tiende a la formación y perfeccionamiento cultural" (LPH N°5, 1935, 8).

Para Ochoa la propiedad privada tenía una función formativa, relacionada con la conservación del orden existente: "La propiedad privada (...) procura estabilizar al obrero, formándole hábitos de ahorro y orden, que lo sustraiga a la rebelión y lo haga fraternizar" (LHP 5, 1935, 42-43). El orden y ahorro también había sido promovido mediante otros instrumentos, como la inspección de los locales comerciales en los conjuntos, para "fiscalizar la naturaleza y los precios de los artículos que vendan y con prohibición de expender bebidas alcohólicas" (MCNCB 1918/9, 1919, 10). En ese marco paternalista, la CNCB pretendía dar trabajo a los receptores decidiendo reparar las viviendas "por administración a fin de obtener una disminución del costo y poder dar ocupación a los vecinos capacitados que se encuentren sin trabajo" (MCNCB 1934/5, 1935, 22) o bien ayudando a que lo cuiden, inscribiendo para un sorteo de viviendas también los domingos y feriados "en el deseo de que concurrieran obreros y empleados, sin interrumpir sus tareas diarias" (MCNCB 1921/2, 1922, 30).

El más acabado intento de ingeniería social fue el Servicio Social reglamentado en 1942, que proponía realizar acción social (mediante la producción y gestión de un "subsidio recíproco" consistente en un seguro por fallecimiento del jefe de familia), sanitaria (a través de la habilitación de un consultorio médico para los adherentes) y educativa (con un énfasis en la cuestión sanitaria y en la mejora económica): "Ilustrar sobre medidas de profilaxis, higiene y cuidado de las criaturas, mediante conversaciones periódicas y visitas domiciliarias; (…) Procurar la creación de centros de recreación física y de cursos de enseñanzas prácticas (…) En el curso de esas visitas propenderá a crear hábitos de buena vecindad y mejor adaptación de la economía doméstica"" (LHP 33, 1942).

Estos instrumentos interpretaban de manera laxa, una de las incumbencias que marcaba el artículo 3ª de la Ley 9677 "e) En general todo lo que se relacione con el estudio y el fomento y la construcción, higiene y salubridad de las casas baratas", revelando la concepción de la producción de viviendas sociales como uno más de diversos dispositivos de una política social. La Comisión reiteradamente invocaba carencias culturales:

> "(…) Buena parte de las 363 familias que habitan en las casas colectivas (…) proceden del conventillo, donde cada una ocupaba una pieza. Es de imaginarse cuán ardua ha de ser la tarea de la Asistente, sólo para inculcar en esas gentes las indispensables nociones de higiene y educación"" (LHP 36, 1943).

La voz del pueblo

Hasta aquí, se han revisado en general las expresiones de los imaginarios de los funcionarios y especialistas sobre las necesidades populares. La voz del pueblo aparece escasamente en los documentos institucionales.

En sus primeros tiempos, mientras la Comisión debatía sus perfiles de actuación, algunas cartas recibidas permiten entrever otras proposiciones:

1) Nota del arquitecto P. Naeff, en la que ofrece estudios y trabajos relacionados con la construcción de casas baratas (Expte. 1-N-1915).
2) Nota de la Contaduría General de la Nación, con la nómina de los terrenos de que dispone el Estado, en el Municipio de la Capital (Expte. 1-C-1915).
3) Informe remitido por el Departamento Nacional del Trabajo, sobre población y habitación obreras.
4) Prospecto de la "Sociedad para la explotación de inventos nacionales, relativo a instalaciones sanitarias" (Expte. 1-S-1915).
5) Nota en que varios interesados proponen la adquisición de un terreno de Villa Real, para construir casas baratas (Expte. 2-C-1915).

6) Expediente 16461, Letra H, Año 1915, Sección S. Ministerio del Interior (Expte. 1-I-1915).

7) Nota de Miguel Patané, en que pide que la Comisión intervenga en favor de la rebaja del alquiler que paga por un local de peluquería.

8) Nota de Marcelino Liendo, jefe de correos de "Barrio Arroyito", Rosario, en que pide instrucciones para alquilar una casa barata.

9) Nota de Francisco Barretta en que solicita a la Comisión $ 6000 m/n. para construir una casa. (Expte. 1-B-1915)" (LHP 2 1914, 86).

La quinta nota implicaba un modelo de gestión que recién fue concebido por la Comisión 15 años después, aunque nunca se llegó a legislar (MCNCB 1930/1, 1931, 12). Al igual que en las últimas tres notas, se imaginan instrumentos que no estaban contemplados en las atribuciones que la Ley 9677 concedía a la CNCB. Recién un lustro más tarde, la Ley 11157/1921 retrotrajo los precios de alquileres a los de un año y nueve meses antes. En cuanto a los préstamos estatales al público, recién se implementaron tras el Decreto 14961 de 1946 que asignaba esas funciones al Banco Hipotecario Nacional. Como si esas primeras, urgentes y solitarias representaciones populares no tuvieran relación con los tiempos y acciones característicos del Estado.

La voz de Vicente Cacuri

El boletín de la CNCB, de distribución gratuita, llamado primero *La Casa-Habitación* en julio de 1934, y *La Habitación Popular* (LHP) a partir de su segundo número, era redactado en su mayor parte por especialistas. De los 73 autores, 69 tenían estudios superiores, 37 se relacionaron laboralmente con el estado y al menos 34 estaban vinculados a la enseñanza, principalmente universitaria. Agreguemos para completar el cuadro que 70 de los 73 autores eran varones. Varios de ellos integraban instituciones como el Museo Social Argentino, la Sociedad Central de Arquitectos, la Unión Popular Católica y la Acción Católica, la Academia Nacional de Ciencias Morales y Políticas, y la Sociedad Científica Argentina.

Solamente una persona escapa a estas reglas generales, la que en 1936 es presentada como "El Sr. V.P. Cacuri, hombre de negocios bien conocido en nuestra Capital" (LHP 12, 1936, 17). Para Cacuri, el problema de la vivienda popular estaba "vinculado a la suerte espiritual, social y económica de la sociedad" (LHP 12, 1936, 27), coincidiendo con Ochoa, por entonces presidente de la CNCB, en destacar la función socialmente pacificadora de la vivienda obrera. El hombre "que se nutre bien, que está bien abrigado, que trabaja a gusto, que vive, en fin, cómodamente, no es fácil que tenga impulsos de rebelión o de pelea" (LHP 12, 1936, 27). Cacuri también coincidía con Ochoa en su voluntarismo, apelando a la "responsabilidad de los profesionales honestos y calificados" (LHP 10, 1936, 12) para construir viviendas dignas y en su fe en la "ley suprema de la oferta y la demanda" (LHP 10, 1936, 12). Salvo alguna chispa de jerga popular, como la inclusión del término "archiviejas" (LHP 10, 1936, 12), el discurso con referencias al conocimiento legitimado que hace Cacuri, como el saber médico nombrado a través de la "Eugenesia" y la "Biotipología" (LHP 10, 1936, 10), o las citas a Victoria Ocampo (LHP 10, 1936, 11), no difiere en general del discurso autorizado de los especialistas.

Sin embargo, para Cacuri, si "las conclusiones de nuestros intelectuales, actuantes en los planos de las preocupaciones superiores no hayan llegado, por la acción de la palabra o de la letra impresa, al espíritu del estadista o del legislador" (LHP 10, 1936, 10).

De esta forma, detalla:

"(…) Como no basta el discurso en la plaza pública, la proposición de Congresos o Conferencias que se realizan para tratar temas afines, ni los artículos de diarios ni notas de revistas; desde estas columnas, que, por el motivo que las inspiran dan la autoridad de que carece a mi palabra, pido con carácter urgente fundado en razones de bien público, la ley o la ordenanza que en plazo perentorio suprima los conventillos" (LHP 10, 1936, 10-11).

Seis meses más tarde, LHP publica una exposición de Vicente Cacuri en el 10° Debate del Club de Libre Tribuna. Allí, a propósito de la localización de la vivienda popular, sostiene que "la vivienda del trabajador debe estar situada en las inmediaciones de la concentración de los grandes emporios de la industria, el comercio y la producción" (LHP 12, 1936, 26). Pues "los que escriben y hablan sobre este particular, proponen la creación de barrios-parques en los suburbios de la Capital" (LHP 12, 1936, 26).

Cacuri se ubicaba a sí mismo en una rara categoría:

"Perdónenme ustedes: Persuadido de la intrascendencia de mi exposición, quisiera hacer algo así como una figura del caso. Estoy en honrosa compañía, situado entre un distinguido jurisconsulto y un distinguido facultativo (…). Es probado que los profesionales, como tales y como políticos, tienen siempre una nutrida clientela que hace antesalas. En las antesalas hay siempre una mesa, y sobre ellas un montón de revistas viejas e impresos de todo orden. Yo vengo a ser algo así ante esta mesa, como uno de esos impresos sin importancia que la gente mira distraídamente para matar el tiempo mientras le llega el turno para que el doctor atienda su pleito, su cita o su mal (…)" (LHP 12, 1936, 24).

Cacuri llega a proponer en forma épica un instrumento legal ni siquiera examinado en el discurso histórico de la CNCB, la expropiación:

> "Realícese esa gran cruzada para resolver el problema de la vivienda popular. Procédase cuanto antes a expropiar las fracciones que quedan disponibles, las más convenientes, en los sitios más adecuados, para emplazar allí los futuros Barrios Modelos. Hago votos porque ese plan se cumpla pronto, y que se cumpla con el patriótico celo, con la honradez, con la probidad, con la autoridad, con las altas miras, con la buena fe con la que procedió, por ejemplo, ¡y para ejemplo!, aquel ilustre varón, el General Richieri, columna de honor del Ejército Argentino, cuando expropió las tierras donde está situado nuestro Campo de Mayo!" (LHP 12, 1936, 27).

En el tercer texto que escribió en LHP Cacuri se permite polemizar con Ochoa:

> "Observa el señor Ochoa que urge la cooperación oficial o privada para dotar la vivienda popular propia, pues el pueblo no tiene propensión al ahorro. ¿Tenemos derecho a lamentarnos de la falta de espíritu de ahorro de nuestro pueblo? Pero, ¿es que todavía se puede admitir que ahorre?" (LHP 17, 1938, 377).

La voz de los vecinos

LHP tuvo además una extraña sección que duró al menos hasta el séptimo número. Primeramente, la sección se llamó "Entre vecinos de un barrio de la C.N. de Casas Baratas" y estaba firmada por Telémaco. Se trataba de un supuesto diálogo entre Telémaco y un habitante de las viviendas de la CNCB. Posteriormente, la sección se llamó "Comentando" y ya no estuvo firmada. La estructura general de la sección hacía que el periodista le preguntara al vecino sobre las notas de la edición anterior de LHP. El vecino elogia casi todo e incluso hace una alabanza a la "amplitud de espíritu" de la Comisión para publicar críticas:

"Le ruego observe que de esa amplitud de espíritu nos está dando ejemplo la Comisión, por cierto bien necesario, puesto que, problemas trascendentales como el de la vivienda popular no se resuelven por la sola acción –cerrada y egolátrica– de funcionarios y comisiones que se encasillan en su suficiencia y solemnidad burocrática" (LHP 2, 1934, 96-97).

En el cuarto número de LHP, el vecino se refiere a críticas a la CNCB, que hizo Ernesto Vautier:

"(…) En este último número lo confirma el artículo, muy interesante por cierto, del Arquitecto Vautier que, al clasificar de oscilante el criterio de la Comisión en lo que a la elección del 'tipo' de vivienda se refiere, le hace una crítica que la dirección podría haber rechazado como injusta(…), pero, de cualquier manera, se trata de un juicio, que podría llamar doctrinario, expresado por un profesional autorizado y con criterio superior y que lleva su firma; lo que no sucede con nosotros que somos dos ilustres desconocidos(…)" (LHP N° 4, 1935, 131).

En LHP N°3, el vecino coincide con Ochoa en el partido y el tipo de tenencia preferido:

"Note que no soy un partidario de las casas de departamentos –casa colectiva como la llama la Comisión– más bien soy opositor pues creo que la que conviene socialmente al país es la casa individual independiente y en propiedad, pero las cosas hay que tomarlas como son y no como se quieren (LHP N° 3, 1934, 138).

Más adelante, periodista y vecino debaten las obligaciones de los beneficiarios:

"R. Para que ello se realice, en su esencia vital de 'asistencia y justicia social', ¿cree que es posible y justificable que nosotros los adquiriente o inquilinos no cumplamos los compromisos contraídos y que pensemos que el Estado deba faltar al deber que le impone la Ley, de exigirnos el cumplimiento de esos compromisos?

P. De ninguna manera; la casa que yo ocupo con las prescripciones de la ley –pues fui favorecido en el sorteo de fecha– no es para mí una limosna y se equivoca si tal piensa, pues la he adquirido en virtud de un derecho que me acuerda una ley de mi país y lo que se obtiene por derecho no se puede recibir como limosna… No frunza el ceño, no confunda mi altivez de hombre digno, como desplante de un botarate; pues si acentúo mi derecho reafirmo mis obligaciones ya que, costare lo que costare, yo siempre he cumplido con el compromiso contraído.

R. Me gusta, amigo, me alienta, créame; así debemos hablar los beneficiarios de esta gran Ley. Permítame otra pregunta: ¿Ud. cree que tenemos el derecho de no cuidar la casa en que vivimos; de dejar que la suciedad la carcoma y la despreocupación la destruya?

P. ¿Cómo se le ocurre semejante cosa?; ¿No ve mi casita limpita y coquetona?; ¿no ve estas flores, que son de mi jardincito, el recreo de mis horas lejos del taller?

R. ¿Cómo es entonces que hay según dicen tantos morosos y casitas que dan pena verlas?

P. Falta de cultura, amigo, como dice el doctor Coll y, lo que es peor, un concepto desconcertante del verdadero valor de nuestra Ley" (LHP N° 5, 1935, 184).

El párrafo acentúa las obligaciones del receptor con la didáctica moral que propugnaba la CNCB. En el texto, es novedoso que aparezca la noción de "justicia social", concepto clave en una etapa posterior de la política nacional. En el número siguiente de LHP, donde se agrega un segundo vecino a la charla, la sección esboza la existencia de algunos síntomas de descontento:

V: (…) He oído a algunos vecinos que la Comisión al redactarla no ha percibido en su verdadero valor la situación de precariedad en que nos encontramos y que nos lleva a atrasarnos en el pago de nuestras cuotas y alquileres.

R. Yo también he oído conversaciones al respecto y, como el asunto me preocupara, traté de explorar cuál era, en verdad, la creencia que la Comisión tenía de la difícil situación de algunos de nosotros; puedo hoy declararle honradamente, amigo, que la Comisión no solamente se ha dado cuenta de la realidad de las situaciones, sí que también, trata de resolverlas, procediendo con exquisita delicadeza" (LHP N° 6, 1935, 111).

El diálogo al cabo culmina en una conciliación, cuando los destinatarios reconocen la benevolencia y sabiduría de los especialistas:

"P. (…) Cómo reconforta y alienta ver que nuestros intelectuales y hombres representativos viven tan cerca de nosotros los obreros, con su mente y corazón, siendo objeto de sus meditaciones y cavilaciones; formando así la verdadera comunión espiritual que debe reinar en todo país civilizado" (LHP N° 6, 1935, 114).

Conclusiones

Los imaginarios de los especialistas que concibieron las políticas de la CNCB, basados en la maquinaria analítica del saber instituido, constituyeron la lógica operacional que se materializó en sus políticas sobre el territorio. El tiempo y el espacio fueron definidos y valorados con precisión y, tamizados por los recursos, formatearon las prácticas. Los recursos se gestionaron según las necesidades y las urgencias así definidas, aunque algunas de estas representaciones fueron controvertidas. En el marco de un proceso que instituyó que el Estado debía hacerse cargo universalmente de dichas necesidades, se encuentran las bases de un sentido común que se consolidará en la etapa política sucesiva. En este contexto, las voces populares difundidas por la CNCB, reales o ficticias, expresaron representaciones en general coincidentes con los imaginarios instituidos. Y si se registraron algunas disidencias discursivas de especialistas o de actores populares, las mismas no llegaron a incidir en la gestión ni en sus instrumentos.

Bibliografía

Acosta, M. C. (2009). "Apuntes sobre el Primer Congreso Internacional de Economía Social". En *Revista del Centro de Estudios de Sociología del Trabajo*. N°1. Consultado 29-7-2014. En: <http://web.econ.uba.ar/WAppFCE01/SendImageJPA01?Function=getFilexPOID&filePOID=3859>.

AA. VV. Biblioteca Popular Vicente P. Cacuri. Consultado 29/7/2014. En: <http://www.bcacuri.blogspot.com.ar/search?updated-max=2014-03-28T12:58:00-03:00&max-results=6>.

AA. VV. Página web La Plata Hochi. Consultado 29/7/2014. En: <http://laplatahochi.com.ar/index.php?option=com_content& view=article&id=261:el-instituto-cultural-argentino-japones-del-museo-social-argentino-&catid=70:instituciones&Itemid=69>.

Dunowicz, R. (2000). *90 años de vivienda social en la Ciudad de Buenos Aires*. Buenos Aires, Argentina: Universidad de Buenos Aires.

Golbert, L. (2010). *De la Sociedad de Beneficencia a los Derechos sociales*. Buenos Aires, Argentina: Ministerio de Trabajo, Empleo y Seguridad Social.

Gutierrez, R. y Gutman, M. (1988). *Vivienda: Ideas y Contradicciones (1916-1956). De las casas baratas a la erradicación de las Villas de Emergencia*. Buenos Aires, Argentina: Instituto Argentino de Investigaciones de Historia de la Arquitectura y el Urbanismo.

Krmpotic, C. S. (2002). "La conferencia nacional de asistencia social de 1933. Los debates en torno al progreso, la pobreza y la intervención estatal". Consultado 29/7/2014. En: *Scripta Ethnologica* N° 24. Centro Argentino de Etnología Americana Argentina. Consultado en http://www.redalyc.org/pdf/148/14802403.pdf

Recalde, H. (1988). *La higiene y el trabajo. Tomo 2 (1870-1930)*. Buenos Aires, Argentina: Centro Editor de América Latina.

Revista de Arquitectura. (1918). "Las casas baratas. Los primeros premios del concurso. Planimetría y tipos de casas adoptadas por la C.N. de C.B. para el 1er barrio". Buenos Aires, Argentina.

Zanzottera, G. (2012). *La vivienda y la ciudad vista por el Museo Social*

Argentino. 2das Jornadas de Investigadores en Formación. IDES. Consultado 29/7/2014. En: <http://giif.ides.org.ar/files/2012/11/Estado-Zanzottera.pdf>.

Documentos Institucionales

• Memorias de la Comisión Nacional de Casas Baratas (MCNCB)

Memorias Comisión Nacional de Casas Baratas 1915-1916. Buenos Aires. 1916.

Memorias Comisión Nacional de Casas Baratas 1918-1919. Buenos Aires. 1919.

Memorias Comisión Nacional de Casas Baratas 1921-1922. Buenos Aires. 1922.

Memorias Comisión Nacional de Casas Baratas 1924-1925. Buenos Aires. 1925.

Memorias Comisión Nacional de Casas Baratas 1925-1926. Buenos Aires. 1926.

Memorias Comisión Nacional de Casas Baratas 1927-1928. Buenos Aires. 1928.

Memorias Comisión Nacional de Casas Baratas 1928-1929. Buenos Aires. 1929.

Memorias Comisión Nacional de Casas Baratas 1930-1931. Buenos Aires. 1931.

Memorias Comisión Nacional de Casas Baratas 1932-1933. Buenos Aires. 1933.

Memorias Comisión Nacional de Casas Baratas 1934-1935. Buenos Aires. 1935.

Memorias Comisión Nacional de Casas Baratas 1935-1936. Buenos Aires. 1936.

Memorias Comisión Nacional de Casas Baratas 1937-1938. Buenos Aires. 1938.

Memorias Comisión Nacional de Casas Baratas 1938-1939. Buenos Aires. 1939.

Memorias Comisión Nacional de Casas Baratas 1939-1940. Buenos Aires. 1940.

Memorias Comisión Nacional de Casas Baratas 1940-1941. Buenos Aires. 1941.

• Revista *La Habitación Popular* (LHP)

La Casa Habitación 1. Julio 1934.
La Habitación Popular 2. Buenos Aires. Septiembre 1934.
La Habitación Popular 3. Buenos Aires. Noviembre 1934.
La Habitación Popular 4. Buenos Aires. Enero de 1935.
La Habitación Popular 5. Buenos Aires. Marzo de 1935.
La Habitación Popular 6. Buenos Aires. Mayo de 1935.
La Habitación Popular 7. Buenos. Aires. Julio de 1935.
La Habitación Popular 9. Buenos Aires. Diciembre de 1935.
La Habitación Popular 10. Buenos Aires. Marzo de 1936.
La Habitación Popular 11. Buenos Aires. Junio de 1936.
La Habitación Popular 12. Buenos Aires. Septiembre de 1936.
La Habitación Popular 13. Buenos Aires. Diciembre de 1936.
La Habitación Popular 15. Buenos Aires. Abril - Junio 1938.
La Habitación Popular 16. Buenos Aires. Julio - Septiembre 1938.
La Habitación Popular 17. Buenos Aires. Octubre - Diciembre 1938.
La Habitación Popular 18. Buenos Aires. Enero-Marzo 1939.
La Habitación Popular 19. Buenos Aires. Abril-Junio 1939.
La Habitación Popular 20. Buenos Aires. Julio- Septiembre 1939.
La Habitación Popular 21. Buenos Aires. Octubre - Diciembre 1939.
La Habitación Popular 22. Buenos Aires. Enero - Marzo 1940.

La Habitación Popular 23. Buenos Aires. Abril - Junio 1940.

La Habitación Popular 24-25. Buenos Aires. Julio- Diciembre 1940.

La Habitación Popular 26. Buenos Aires. Enero - Marzo 1941.

La Habitación Popular 27-28. Buenos Aires. Abril - Septiembre 1941.

La Habitación Popular 29. Buenos Aires. Octubre - Diciembre 1941.

La Habitación Popular 30-31. Buenos Aires. Enero - Junio 1942.

La Habitación Popular 32. Buenos Aires. Julio - Septiembre 1942.

La Habitación Popular 33. Buenos Aires. Octubre - diciembre 1942.

La Habitación Popular 34-35. Buenos Aires. Enero - Junio 1943.

La Habitación Popular 36. Buenos Aires. Julio - Septiembre 1943.

La Habitación Popular 37. Buenos Aires. Octubre-Diciembre 1943.

MAXIMILIANO SALOMÓN

Campos, universos y metamorfosis en la cuestión disciplinar

Mucho se habla acerca de la crisis que atraviesan las sociedades disciplinarias planteadas por Michel Foucault. Una sociedad disciplinaria sería aquella en la que "el comando social se construye a través de una difusa red de dispositivos o aparatos que producen y regulan costumbres, hábitos y prácticas productivas" (Foucault, 1978, 138).

El motor de esta sociedad, que asegura el funcionamiento de los mecanismos de inclusión y /o exclusión y la obediencia a las reglas, son las instituciones disciplinarias tales como la prisión, la fábrica, el hospital, la universidad, etc. Estas estructuran el terreno social definiendo límites y parámetros en el pensamiento y la práctica, sancionando y prescribiendo los comportamientos normales y/o desviados.

Gilles Deleuze define a estas instituciones como "círculos de encierro" al mismo tiempo que afirma que el familiar, el escolar y el profesional, son "interiores en crisis", donde "los ministros competentes anuncian constantemente las supuestamente necesarias reformas. Reformar la escuela, reformar la industria, reformar el hospital, el ejército, la cárcel; pero todos saben que, a un plazo más o menos largo, estas instituciones están acabadas" (Deleuze, 1990, 254).

Lejos de pretender una participación en esta discusión de niveles universales, nos interesa aproximarnos al mundo de la arquitectura como disciplina que, con su pensamiento y práctica, se estructura como un sistema autónomo a partir de diferenciarse del resto de las disciplinas y separarse de todo lo que excede su poder de control. Para ello construye un complejo universo de representaciones que van dando sentido a la constitución de dicha disciplina como institución. Esta relación que surge entre los términos *disciplina* e *institución*, puede ser sintetizada en el concepto de *campo intelectual* forjado por Pierre Bourdieu, en el que apoyándose en la metáfora de *campo magnético*, define que se constituye como un sistema de líneas de fuerza donde

"Los agentes o sistemas de agentes que forman parte de él pueden describirse como fuerzas que, al surgir, se oponen y se agregan, confiriéndole su estructura especifica en un momento dado del tiempo. Por otra parte, cada uno de ellos está determinado por su pertenencia a este campo: en efecto, debe a la posición particular que ocupa en él propiedades de posición irreductibles a las propiedades intrínsecas y, en particular, un tipo determinado de participación en el campo cultural, como sistema de las relaciones entre los temas y los problemas, y, por ello, un tipo determinado de inconsciente cultural, al mismo tiempo que esta intrínsecamente dotado de lo que se llamará un peso funcional, porque su 'masa' propia, es decir, su poder (o mejor dicho, su autoridad) en el campo, no puede definirse independientemente de su posición en él" (Bourdieu, 2002, 9).

A partir de estas premisas resulta posible hacer una lectura del campo disciplinar de los arquitectos, a través de las distintas representaciones del fenómeno arquitectónico y focalizando en la relación –en constante cambio– entre lo controlado por la institución y el desmesurado e incontrolable magma del que esta misma se separa. Para ello, y en una primera aproximación, resulta de suma importancia entender cuáles son los escenarios que se conforman dentro de este campo, que es donde ocurren las múltiples disputas que lo moldean. Siguiendo con la línea de análisis de Bourdieu, utilizaremos los niveles de articulación que propone dentro de los campos de producción cultural, que son *el de producción, el de reproducción* y *el de difusión*, con sus diferentes instancias de *legitimación.*

"Todas las relaciones que los agentes de producción, reproducción y difusión pueden establecer entre ellos o con las instituciones especificas (y también la relación que mantienen con su propia obra) están mediatizadas por la estructura de las relaciones entre las instancias que pretenden ejercer una autoridad propiamente cultural (aun en nombre de principios de legitimación diferentes): la jerarquía establecida en un momento dado entre los dominios, las obras y las competencias legitimas aparece como la expresión de la estructura de las relaciones de fuerza simbólica entre, en primer lugar, los productores de bienes simbólicos (…) en segundo lugar, entre los productores y las diferentes instancias de legitimación (…) en tercer lugar, entre esas diferentes instancias de legitimación.(…) La relación de oposición y de complementariedad que se establece entre el campo de producción restringida y las instancias de conservación y de consagración constituye, sin duda, uno de los principios fundamentales de la estructuración del campo global de producción y de circulación de los bienes simbólicos, y el otro principio está constituido, como hemos visto, por la oposición que se establece en el interior del campo de producción propiamente dicha, entre el campo de producción restringida y el campo de gran producción cultural" (Bourdieu, 2010, 102).

Adaptando estas categorías al campo disciplinar de la arquitectura, podemos asegurar que la producción arquitectónica es, en primera instancia todo lo construido, todo lo proyectado, todo lo investigado y todo lo escrito acerca de los objetos habitables-memorables y la relación que establecen las personas con los mismos. Con esta afirmación, el nivel de producción arquitectónica se transforma en el estado primitivo del campo, que es indiferenciado, desmesurado e incontrolable.

La presencia de la institución empieza a evidenciarse cuando, ante la necesidad de regular los bienes simbólicos para consolidar cierto poder, surgen las distintas figuras de autoridad que definen un primer grupo de pericias técnicas, entidades de control y representaciones de carácter simbólico con las cuales ejercer el control del campo y sostener su sintonía con un proyecto socioeconómico y cultural determinado. Entonces, de toda la producción, solo algunas partes son consideradas legitimas, y luego de este primer rastrillaje, la institución ya está lista para pasar a la instancia de reproducción de lo legitimo.

Aquí es donde se constituyen los consejos profesionales con sus sociedades disciplinares (y todo su sistema de eventos convocantes; tales como concursos o congresos) y lo más importante: las escuelas (o su traducción local, las facultades). Esta primera frontera que se consolida tiene aspectos jurídicos, éticos, estéticos y sobre todo simbólicos y son producto de un consenso colectivo donde los grupos de poder imponen sus reglas al resto de los grupos, reprimiéndolos y dejándolos en una situación de coyuntural anonimato. Es, sobre todas las cosas, una instancia de reproducción de un sentido especifico, que representa los intereses del grupo dominante.

La integración de un orden institucional puede entenderse solo en términos del "conocimiento" que sus miembros tienen de él: es la suma total de lo que "todos saben" sobre ese mundo social, un conjunto de máximas, moralejas, granitos de sabiduría proverbial, valores y creencias, mitos, etc. Es por ello que surge la necesidad de consolidar y circular este conjunto que regula el sentido de la arquitectura, y así pasar del campo de la producción restringida al de la gran producción cultural. Aquí ocurre, a través de revistas, museos especializados, conferencias, etc., el momento de difusión de lo validado por la institución y al mismo tiempo, esta difusión opera, reorienta y da sentido a las instancias de producción y reproducción sucesivas.

Este mecanismo de bucle y reciprocidades es el que, con sus sucesivos tamices de legitimación, va definiendo una tradición de la disciplina. Esta tradición se compone, por un lado, de una sedimentación de experiencias humanas que son estereotipadas y quedan en el recuerdo de varios individuos como reconocibles y memorables, "El lenguaje, como sistema de signos objetivados y depositario de una gran suma de sedimentaciones colectivas, define las representaciones. El objetivo de toda institución es reunir el conjunto de representaciones en un todo que tenga sentido" (Berger y Luckmann, 1966, 91). Y por otro lado, un *Habitus* arquitectónico, es decir que se incluye en el objeto el conocimiento que los agentes –que forman parte del objeto– tienen del mismo, y la contribución que ese conocimiento aporta a la realidad del objeto.

"Toda actividad humana está sujeta a la habituación: todo acto que se repite con frecuencia, crea una pauta que luego puede reproducirse con economía de esfuerzos y que ipso facto es aprehendida como pauta por el que la ejecuta. Restringe las opciones, libera al individuo de la carga de "todas esas decisiones" y de esta manera provee rumbo y especialización… La institución aparece cada vez que se da una tipificación reciproca de acciones habitualizadas por tipos de actores. Se construyen en el curso de una historia compartida, las instituciones siempre tienen una historia, de la cual son productos. Una institución ha logrado establecerse cuando crea la ficción de que "ya existía antes de que el sujeto naciera, y existirá después de su muerte", dándole un carácter de objetividad" (Berger y Luckmann, 1966, 72-74).

Es dentro de este juego donde algunos agentes cobran visibilidad o mantienen el anonimato; otros luchan por ingresar al juego, chocando con los que cuidan sus fronteras y el orden institucional ante posibles amenazas de transformación. La realidad del campo está parcialmente en juego en las luchas que enfrentan a los agentes a propósito de la representación de su posición en el mismo, y en consecuencia, en este mundo. Entonces, la definición completa del campo debe incluir la representación que ese campo ha tenido que destruir para conquistar la definición objetiva.

"Los individuos no se desplazan al azar en el espacio social, por una parte porque las fuerzas que confieren su estructura a este espacio se imponen a ellos y por otra parte porque ellos oponen a las fuerzas del campo su propia forma de disposiciones, o en estado objetivo, en los bienes, titulaciones, etc. A un volumen determinado de capital heredado corresponde un haz de trayectorias más o menos equiprobables que conducen a unas posiciones más o menos equivalentes, es el campo de los posibles ofrecido a un agente determinado y el paso de una trayectoria a otra depende a menudo de acontecimientos colectivos –guerra, crisis, etc.–" (Bourdieu, 2012, 108).

En el proceso en que algunos individuos se diferencian y se enclasan asegurando sus roles, otros son desclasados y quedan disociados de las redes societales que permiten su acción dentro del campo. Estos roles que se definen no son fijos y muchas veces no tienen carácter jurídico sino que se sostienen por su implicancia simbólica en ese interior, siendo este un capital intangible pero que da diferentes grados de libertad dentro del juego. Esto se podría caracterizar como un sistema de coherencia en constante metamorfosis, donde cada agente puede mantener sus mismas funciones a través de prácticas totalmente renovadas, instaurar otras, fracturar algunas más o adquirir nuevas.

Como todo juego, además de la definición de roles que representan el orden institucional –y con ello, los que representan la amenaza a ese orden–, éste cuenta con una serie de mecanismos de sanción que se establecen específicamente para sostener dicho orden. Por último, la herramienta que permite fijar y transmitir el conjunto de significados que definen el orden, las reglas y los roles en el campo, es el lenguaje. Es a través del lenguaje que la producción arquitectónica adquiere un sentido, que al mismo tiempo puede ser reproducido, enseñado y difundido. Y es en el terreno del lenguaje donde se dan las disputas del campo disciplinar; el lenguaje, ante todo, institucionaliza, y en el mismo movimiento produce la desinstitucionalización necesaria para sostener el sentido –y las estructuras de relevancia– dentro del campo.

Dos artículos en la revista *Summa*

A continuación, intentaremos revelar cómo ocurre este fenómeno dentro del campo a partir del estudio de un caso específico. Situándonos en la instancia de la difusión, analizaremos dos artículos de la revista *Summa* del año 1969 donde de alguna manera se ve reflejado en los discursos –y el imaginario que estos sugieren– todo el mecanismo antes descripto. Se eligió el año 69 por su particular característica de "momento de pliegue". Es decir, por un lado contamos con una importante producción desde la institución que ocupa toda la década del 60, y que será analizada en un exhaustivo artículo de Francisco Bullrich (un activo colaborador de la revista desde su primera aparición "Arquitectura argentina, hoy" en 1963) titulado "Arquitectura argentina 1960/1970" (*Summa* 19, 1969), y por otro lado se empieza a evidenciar una crisis dentro de la institución, que podremos descubrir en las crónicas del convulsionado 10° Encuentro de la Unión Internacional de Arquitectos realizada en Buenos Aires (*Summa* 21, 1969), que luego desembocará en todas las experiencias pedagógicas alternativas y con un fuerte carácter social de principios de los años 70.

Lo que estaba sucediendo en estos años de prolífica producción artística y arquitectónica no fue más que la consolidación de la nueva institución que nucleaba el transformado campo del arte, alineándose con la política internacionalista de posguerras en la que se definieron países "desarrollados" que funcionaban como faros para los que aún no habían alcanzado ese status y –dentro de esta lógica impuesta– debían hacerlo, siendo catalogados tristemente como "subdesarrollados". Esta institución necesita de una vanguardia –o elite iluminada– que motorice ese proceso, y eso es lo que presenta Bullrich en su artículo.

En el campo del arte, y como bien describe Andrea Giunta en su libro *Vanguardia, internacionalismo y política*; luego del golpe de Estado del 1955, el crítico Romero Brest cierra definitivamente las páginas de *Ver y Estimar* para pasar a actuar en las instituciones oficiales y en alianza con el nuevo Estado, como interventor del Museo Nacional de Bellas Artes. "Desde entonces va a demostrar, mejor que nadie, que las formas del arte no son puras formas sino, también, un instrumento político." (Giunta, 2008, 64). Otro actor central en esta construcción del "nuevo arte argentino" es Guido Di Tella que, como industrial, también estaba interesado en que Argentina ingrese en los mercados internacionales con producciones novedosas. A partir de este momento, todas las acciones desde las instituciones se coordinarán a favor de un proceso de internacionalización alimentando el mito de que el arte argentino presentaba un "atraso" con respecto al europeo, y era de necesidad urgente corregirlo. En Argentina, en la década del 60, las vanguardias son la herramienta que usa el nuevo Estado "liberador", con sus instituciones y sus sectores privados, para instalar el arte y la arquitectura argentina en la escena mundial, cargándolo de novedad, juventud e internacionalismo.

En la universidad, por el contrario, el clima que se vive es de tensión, acentuada por una serie de reivindicaciones estudiantiles-obreras iniciadas durante el Cordobazo y profundizadas luego de los intentos de controlar la matricula por parte del Estado, durante los reclamos por el ingreso irrestricto, que culminan con la llegada de Héctor José Cámpora al poder y las propuestas para establecer una universidad nacional y popular.

Salud y buen sentido: Bullrich en *Summa* 19 (octubre de 1969)

Se trata de un artículo en donde se analiza la producción arquitectónica de la década del 60. Francisco Bullrich está publicando ese mismo año su libro *Nuevos caminos de la arquitectura latinoamericana*. El articulo está orientado principalmente a describir una serie de edificios cuidadosamente seleccionados y tal como nos indica el autor en el pasaje introductorio, todo el trabajo está legitimado por

Nikolaus Pevsner, dejando ver que el crítico alemán había afirmado que "La mayoría de los ejemplos eran suficientemente buenos como para ser publicados en las mejores revistas internacionales, y que la mayor parte de la producción argentina de ese momento estaba vinculada al trabajo y al estilo que se llevaba a cabo en el mundo, por entonces" (Bullrich, 1969, 37). De alguna manera, el carácter "internacionalista" de las obras era el filtro utilizado por Bullrich para seleccionar la mejor arquitectura de la década. Esto implica que si está en sintonía con lo que se produce en los grandes centros de poder mundial, entonces es legítimo. Y para reforzar el poder que el crítico argentino le otorga a Pevsner en referencia a su rol de juez, agrega que "También observó que con excepción del banco de Londres, de S.E.P.R.A y Clorindo Testa, que, a su juicio, era reminiscente de las más salvajes fantasías de los estudiantes de la A.A. de Londres, el resto orientaba signos de salud y buen sentido" (Bullrich, 1969, 37). Entonces, queda claro aquí que la buena arquitectura o la Arquitectura (con mayúsculas) es aquella que puede ser vista con "signos de salud y buen sentido" y por supuesto, el buen sentido es el sentido que marca la institución. En ambos casos la metáfora es orientacional y positiva, o sea, implica progreso. En consecuencia, es un discurso instituyente, ahora cabe preguntarse si el progreso puede ser medido a nivel internacional o si en realidad ese progreso o ese buen sentido nos eran completamente ajenos en ese momento.

Rebeldía y creatividad

Las primeras tres obras, Nuestra Señora de Fátima, de Claudio Caveri y Eduardo Ellis, la Gobernación de la Pampa, de Clorindo Testa, Francisco Rossi, Augusto Gaido y Boris y Dabinovic y la

Escuela en Alem, Misiones, de Mario Soto y Raul A. Rivarola son incluidas como un primer impulso, anterior al período estudiado, que luego sería profundizado por *la nueva generación*. "Su actitud de rebeldía hacia los cánones aceptados en el período precedente abría el camino a una nueva investigación que iba a hacer posible la realización de obras que hoy en día representan en el panorama nacional el aspecto más creativo y positivo" (Bullrich, 1969, 38).

Aquí, el autor deja en claro que un aspecto como la actitud de rebeldía hacia los cánones aceptados permite realizar obras que representan *lo creativo* y *lo positivo*. Estamos en presencia de un doble juego, por un lado, en el pasaje anterior, rescata la sintonía que las obras presentan con la producción mundial, y eso implicaría moverse dentro de lo institucionalizado; por otro lado, ve como positiva la actitud de rebeldía a los cánones aceptados anteriormente, y en consecuencia desinstitucionalizadora. Es un relato que estaría encolumnado dentro de los esquemas históricos de *continuidad y crisis* y consolida su posición afirmando que "las tres eran miradas desde algunos sectores como presuntas demostraciones de pequeños talentos individuales que querían *mear como perro grande.*" (Bullrich, 1969, 38, cursiva nuestra). Una particular metáfora que da cuenta de cómo, dentro del campo disciplinar, algunos agentes son considerados de importancia y otros son vistos como amenazas o fuerzas marginales; aunque en este caso, son los que luego ocuparían el lugar de los héroes: "Pero lo cierto es que mantenerse dentro de los caminos trillados no podía ofrecer ninguna suerte de descubrimiento (…) Toda recomendación, en el sentido de sujetar el impulso creador por las consecuencias que pudiese tener sobre espíritus menos fuertes y creadores, constituye una castración que felizmente la nueva generación de arquitectos aquí ha sabido rechazar" (Bullrich, 1969, 38). En este caso, el autor sugiere una superación de la vieja discusión vinculada a las tecnologías locales y la identidad nacional, presentándola como una castración felizmente rechazada por las nuevas generaciones. Detrás de esta afirmación encontramos que obras como la iglesia Nuestra Señora de Fátima y la producción de Eduardo Ellis (no menciona a Claudio Caveri), con sus respectivos ecos definidos dentro del *casablanquismo*, son colocados por el autor dentro del espectro de la *castración*, aunque rescata su cercanía a algunas expresiones del brutalismo europeo o corbusierano. Mientras tanto, el Banco de Londres, con su tecnología moderna (que, entre otras cosas, representaba a la corona británica en el microcentro porteño) es ubicado dentro del grupo superador. "Evidentemente, el edificio del Banco de Londres significó un alejamiento de las crudezas del período precedente representado por las tres obras mencionadas con anterioridad, ya que allí se hizo un empleo inusitado de la tecnología más moderna con que contaba el país" (Bullrich, 1969, 38).

Lo nuevo

En los párrafos subsiguientes, Bullrich se coloca en una postura más universalista de la arquitectura para delinear el carácter que están imponiendo las nuevas generaciones. Utilizando las obras seleccionadas como ejemplo de lo nuevo, (la Editorial Gonzales Porto, la Papelera Koch Polito y la Facultad de Ciencias Exactas de la Universidad Nacional de La Plata de Jorge Erbin, Miguel Baudizzone, Alberto Varas y Jorge Lestard, el stand del Ministerio de Obras y Servicios Públicos de Mario Gandelsonas, la casa Soldati de Juan Molinos, el Banco Municipal de la Ciudad de Buenos Aires de Flora Manteola, Ignacio Petchevsky, Javier Sánchez Gómez, Justo Solsona y Rafael Viñoly), describe lo que está ocurriendo a nivel internacional, aún sabiendo que esta nueva generación no representa a la totalidad de los arquitectos jóvenes locales, sino por el contrario, es una pequeña porción. Es la pequeña porción que cumple con los requisitos que legitiman los centros de poder y que le permite al autor desplegar todo el bagaje conceptual que éstos producen, presentándolo como "el *leit motiv* de la nueva arquitectura", ya sea desde Norteamérica, con los escritos de Robert Venturi o desde Europa, con las síntesis de Christopher Alexander o el *pop* de Archigram, donde el clima general es presentar la caducidad de la Arquitectura Moderna, –tan vieja como la arquitectura moderna– dice. Para ello deja de lado, o minimiza, los conflictos y las fuerzas propias del campo local.

Aquí algunas de las ideas presentadas:

"Por `actitud directa' aludo a la tendencia a no ocultar situaciones incomodas o conflictuales y la parafernalia de servicios bajo el manto de una gramática indiferenciada sino, por el contrario, a enfatizar y sacar partido de lo accidental o episódico" (Bullrich, 1969, 46).

"Es que la excepción y la circunstancia son cosas que la nueva generación quiere incluir en su trabajo al igual que el conflicto y la contradicción. Ya no se piensa que 'menos es más'"… "pareciera que la exhibición del conflicto constituye el tema de algunas obras, antes que la pretensión de disfrazar esa dualidad" (Bullrich, 1969,47).

"Excepción, circunstancias, dualidad y conflicto son admitidos, pues se piensa que, a menos que se los admita, ha de resultar imposible absorber los erráticos deseos de los usuarios que otorgan un molde arquitectónico a la vida y por lo tanto a la creación de un entorno significativo" (Bullrich, 1969, 47).

"Cada vez se siente con mayor intensidad que la responsabilidad del arquitecto es crear una infraestructura flexible que permita al usuario incluir los ready-made de su elección. En lugar de concebir su trabajo como una totalidad que excluye la participación del público, los jóvenes arquitectos están explorando nuevas posibilidades" (Bullrich, 1969, 47).

"El rechazo del folklore popular industrial por parte de la ortodoxia moderna no tiene eco en las jóvenes generaciones. Aquí, como en otras partes, pretende integrarse la panoplia de objetos de uso popular como *objets trouvés* en el marco de un nuevo contexto o bien se intenta crear un pop propio" (Bullrich, 1969, 48).

"Un arquitecto no deduce una imagen arquitectónica de un organigrama. El proceso de diseño, por el contrario, surge a partir de una imagen; el análisis, la confrontación con los requerimientos y los ajustes posteriores demostraran su viabilidad. Si un ajuste satisfactorio no es posible, no habrá más remedio que procurarse otro punto de partida" (Bullrich, 1969, 48).

"La idea de utilizar elementos industrializados es sin duda tan vieja como la arquitectura moderna, es decir, centenaria. Nuevo, en cambio, es aceptar un sistema existente y utilizar sus partes como *ready-mades*, pues es esto lo que en el fondo constituye el *quid* de la cuestión. En tanto cada arquitecto se plantee la posibilidad de desarrollar por sí un sistema de prefabricación, en conexión o no con un proyecto concreto, estamos igual que antes" (Bullrich, 1969, 53).

Campo local

Ahora sí, es el momento de tocar temas de índole particular, aquí el crítico le da un descanso a los prometedores jóvenes para incursionar en la problemática local. Siendo que estos problemas tienen características casi opuestas a los que motorizan la arquitectura internacional, es de esperarse que los resultados sean diferentes. Ante la dificultad de continuar encontrando lazos con las arquitecturas legitimadas, el panorama que presenta el autor es desalentador e inmóvil: "Obviamente nada de todo esto puede remediar el inmovilismo que se aprecia con alarma en el campo del equipamiento urbano, vinculado desde ya al inmovilismo perceptible en el dominio de la vivienda destinada a los sectores de medianos y bajos ingresos" (Bullrich, 1969, 65). Además, aclara que estos no son los temas de mayor interés en su trabajo, cuando confiesa que "para el crítico, obligado periódicamente a considerar la situación, resulta deprimente tener que presentar siempre una imagen desalentadora" (Bullrich, 1969, 65).

Por otro lado, refiriéndose a la vivienda popular, despliega una fuerte crítica hacia las soluciones propuestas desde las esferas oficiales, sin detectar ninguna oportunidad ni poner en evidencia ninguna de las propuestas que se barajaban desde otros sectores de esta joven generación, dejando la pelota en el campo de lo económico, responsabilizando a los bajos ingresos y fondos no suficientes de la falta de soluciones ventajosas.

"En el sector de bajos ingresos se asiste una y otra vez al mismo tipo de intentos y a idénticos fracasos. Es que en el fondo no se quiere admitir, en las esferas oficiales, que dadas las condiciones concretas en que el problema se presenta, la idea de erradicar de un solo golpe las villas miseria y el obsoleto conventillo está destinada al fracaso. Sustituir el rancho de lata por una casita comprimidísima, de materiales y procedimientos apenas aceptables, aun cuando se lo lleve a cabo en escala limitada –con lo cual no se logra resolver el problema–, es tirar la plata por la ventana y malgastar las energías de quienes pueden contribuir a plantear soluciones más ventajosas aun cuando se inscriban en planes de mediano y largo plazo."… "No se quiere admitir que, en el fondo, el problema es, entre otras cosas, el de los ingresos de los presuntos beneficiarios. No se quiere admitir que, dado que los fondos no son suficientes, alentar falsas esperanzas es no solo crear una ilusión total sino demorar el comienzo de una tarea de base." (Bullrich, 1969, 65).

El arquitecto y su público

En este pasaje, el autor define un perfil específico de arquitecto. Por un lado, lo separa del resto de la gente y así como un médico tiene sus pacientes, el arquitecto tiene a su público. Señala así que "La participación del público es un anhelo de los arquitectos de joven generación, no solo abocada al problema especifico de la vivienda popular sino que, como hemos visto, se extiende a las macroformas del urbanismo" (Bullrich, 1969, 66). En este sentido, lo compara con un compositor de una pieza musical que además de público, cuenta con un grupo de ejecutantes en los que debe confiar, sin pretender controlar todo el proceso de diseño "Cada vez más, se piensa en los círculos más inquietos, que el arquitecto y el diseñador urbano deberían parangonar su actividad a la del compositor de una pieza musical, que no pretende llenar la partitura con un sinnúmero de advertencias e indicaciones y que confía en que el ejecutante ha de tener la suficiente sensibilidad e inteligencia como para poder resolver e improvisar con libertad las cuestiones que se pueden suscitar" (Bullrich, 1969, 66).

Por otro lado, defiende la presencia del arquitecto como autor y le otorga el poder de decidir frente a "un dilema de hierro: o se formula una solución que contempla los intereses de los individuos considerados en su conjunto y al mismo tiempo en su particularidad, o se cae en una de dos alternativas igualmente negativas: por un lado los ordenados desiertos anónimos, y por otro el caos absurdo e incontrolado" (Bullrich, 1969, 66). Allí ubica a la villa miseria como paradigma de la segunda alternativa y a unidades como las de la Cooperativa El Hogar Obrero ("a despecho de su tamaño e importancia y del enorme esfuerzo invertido") en la primera.

De lo ideal a lo real

Finalmente, Bullrich ofrece un panorama de lo que es la producción arquitectónica fuera del pequeño círculo de estrellas cuidadosamente seleccionado. Continuando con la actitud de desaliento general, el autor encuentra que hay un desarrollo de pequeñas empresas a las que llama "boliche propio" y por otro lado encuentra al sector oficial desarticulado, burocratizado y paralizado. En ese sentido, especifica que "A las grandes empresas se prefiere el boliche propio, pequeño pero propio, pero la tecnología de boliche no podrá nunca hacer frente al desafío de nuestro tiempo. En el sector oficial, entretanto, reina la misma desarticulación e inercia; la burocratización y la falta de confianza en la planificación lo paraliza todo" (Bullrich, 1969).

Bullrich sentencia que mientras esperan un cambio, los arquitectos hacen casas de departamentos, donde lo único legitimable es la fachada sobre la calle: "Una casa de departamentos es entre otras cosas (las plantas constituyen prototipos de pocas alternativas), una fachada sobre la calle y cuanto antes se reconozca esto, mejor. En verdad, el tratamiento exterior, siendo que pertenece a todos, debería ser objeto de un análisis detenido" (Bullrich, 1969, 71). Y como último recurso, ubica a la vivienda individual, la cual define como ruinosa desde el punto de vista de los honorarios y tendiente a desaparecer, aunque rescata la libertad de planteos que proporciona para los autores y los buenos ejemplos ejecutados dentro de los parámetros de lo internacional:

> "Queda un último recurso a los arquitectos en el dominio de la vivienda: la casa individual. Desde el punto de vista de los ingresos del profesional, el tema es ruinoso: los honorarios apenas pagan los gastos de estudio y en tales condiciones es un género llamado progresivamente a desaparecer. Entretanto, en parte por falta de trabajo, en parte por encontrar aquí una mayor libertad en los planteos, muchos arquitectos siguen diseñando casas individuales. Muy posiblemente es el género que se cultiva con más éxito y hay muchos ejemplos de buen nivel llevados a cabo en los años recientes, aparte de los ya mencionados, que merecerían aparecer en cualquier reseña internacional sobre el tema" (Bullrich, 1969, 77).

El X° Encuentro de la UIA. *Summa* 21 (diciembre de 1969)

Al mismo tiempo que se publica el artículo de Bullrich, ocurría el X° Encuentro de la Unión Internacional de Arquitectos en Buenos Aires. La revista *Summa* difunde una crónica del mismo, dos meses después, donde queda evidenciado el alto grado de tensión en la que se encontraba el campo disciplinar en ese momento, sobre todo en el ámbito de la Universidad. Esto implica que uno de los mecanismos de reproducción más importantes estaba traccionando en contra de la institución. Apenas algunos meses habían pasado desde lo ocurrido en el mayo cordobés y aun estaban en ebullición los reclamos estudiantiles. El Encuentro, de carácter internacional, quedó marcado por un clima de crisis y de fuertes tensiones dentro del campo local.

Así lo describe la publicación:

"El inicio oficial del Encuentro de Estudiantes se realiza en medio de un gran despliegue policial, hecho que enfatizo aún más las tensiones ya existentes entre los estudiantes. En dicho acto hablaron el arquitecto Federico Ugarte –presidente del Comité Organizador del X Congreso– y el arquitecto Ricardo Luna –secretario del Encuentro de Estudiantes– y posteriormente varios estudiantes, quienes reclamaron la libre participación y el retiro de las fuerzas policiales y llegaron finalmente –previa moción– a transformar el encuentro en una asamblea. Todo esto concluye en un cuarto intermedio dentro de un clima denso y agitado.

Por la noche se reinicio la asamblea (interrumpida al mediodía) en el edificio Brunetta donde se hicieron evidentes las diferencias que motivarían posteriormente la realización de Encuentros en dos lugares distintos: en el Teatro San Martin y en Nuñez (FAU)" (*Summa*, 1969, 26).

"Lunes 12. Al concurrir la gran masa de delegados y estudiantes al sector Sarmiento del Teatro Municipal General San Martín para iniciar las sesiones de trabajo –en el primer día oficial del encuentro– se encuentran nuevamente con una fuerte guardia policial. Toda la mañana transcurrió en cabildeos, exigiéndose a las autoridades del Encuentro el retiro de las fuerzas del orden." (*Summa*, 1969, 26).

"El Encuentro, indudablemente, estaba escindido: en el Teatro San Martin y en Núñez. Algunos profesores extranjeros optaron por trabajar con ambos grupos ('Allí donde hubiera estudiantes'), otros tomaron partido por la posición de los estudiantes de Nuñez y no concurrieron al Teatro" (*Summa*, 1969: 26).

En el Teatro San Martin

Lo que la revista publica son las principales ideas de las exposiciones de los arquitectos internacionales sin dejar registro de lo presentado por los agentes del medio local. Esta decisión de la redacción no es azarosa y muestra claramente los lineamientos de filtrado de la información. Estas ideas son las que aparecían en el artículo de Bullrich para describir la producción Argentina:

"Miércoles 14. Recién al cuarto día se produce la primera charla en el Teatro San Martin; el arquitecto Yona Friedman hablo sobre 'El Arquitecto y su profesión'(…) Deben plantearse infraestructuras con muchas y eficaces posibilidades de servicio y el usuario debe contar con un 'repertorio'" (lista de volúmenes susceptibles de ser representados matemáticamente que el arquitecto le ofrece) del cual puede hacer una selección de las mismas con ayuda de computadoras" (*Summa*, 1969, 26).

"También habló el arquitecto Dennis Crompton, del Archigram Group, quien se refirió al concepto de los *pop* como sentido profundo de ver y pensar, más que de hacer. En los últimos tiempos importa mucho más lo que se piensa y la actitud que deriva de ello que los proyectos que se realizan. Hay muchas personas que viven sin protección social. Trabajando con información insuficiente sobre lo que desea la gente, no es justo imponer una solución, que por otra parte el usuario rechazará" (*Summa*, 1969, 26).

"Jueves 15. Por la mañana, en el Teatro San Martin, habla Joseph Bakema sobre 'La Arquitectura y el Cambio'. Vivimos en un periodo en el cual se crean elementos que permiten el cambio: la misión del arquitecto es encontrar la metodología respectiva. Sabemos que está ocurriendo algo de gran magnitud; esta experiencia se produce con el medio humano; crear este Medio Humano es para nosotros hacer Arquitectura" (*Summa*, 1969, 27).

En Núñez

"La decisión conjunta de dar a conocer las conclusiones de ambos grupos –Nuñez, Teatro San Martin– se vio malograda por la clausura de la Facultad producida el sábado 17. Solo podemos reproducir aquí tres de ellas –provenientes de otros tantos arquitectos extranjeros invitados– que a nuestro juicio reflejan tres puntos de vista distintos en un sentido, y tal vez coincidentes en otro" (*Summa*, 1969, 27).

"Declaración del arquitecto Aldo van Eyck. 'Estaba claro, aun sin decirlo, que la gran mayoría estaba preocupada por el mejoramiento de la estructura social y política de sus países. El futuro de la arquitectura y del planeamiento está ligado obligatoriamente a las condiciones que pueden darle significado humano. (…) Estas condiciones no están presentes en la Argentina de hoy, según lo que he visto en el corto espacio de tiempo que estuve. Quisiera decirles a los estudiantes que ellos tendrán que desarrollar nuevos y más medios imaginativos de provocación y acción, si quieren efectivizar lo que desean tan intensamente'" (*Summa*, 1969, 28).

"Declaración del arquitecto Yona Friedman: 'Los estudiantes son inteligentes (como en todas partes) pero muy mal orientados por escuelas fósiles (como en todas partes). Tienen buenas intenciones y son amigos de los *slogans* (ambos grupos). Trate de explicarles desde mi punto de vista personal como los arquitectos no tienen significación ni importancia en las transformaciones sociales (a causa de su relativa carencia de información) y de como uno empieza a preguntarse si será necesario contar con 10.000 estudiantes de arquitectura en un país de 25 millones de habitantes, país que tiene carencia de médicos, maestros, ingenieros electrónicos, científicos. La primera cosa necesaria para un país que debe desarrollarse es contar con técnicos y personas entrenadas que produzcan algo. (…) Estamos formando (en todas partes del mundo) demasiado número de arquitectos, demasiado incompetentes. (…) Necesitamos escuelas muy libres, en las cuales los estudiantes sean los únicos responsables de sí mismos, y en donde el profesor no sea más que un consultor, nunca un juez. Cuanto mayor sea la responsabilidad de un estudiante respecto de si mismo, mayor será la responsabilidad frente a la administración, y por lo tanto producirá proyectos mejores y más adaptables socialmente'" (*Summa*, 1969, 28).

"Declaración conjunta de Ricardo Bofill y Jose Agustin Goytisolo. 'A todos los estudiantes argentinos que han hecho posible este Encuentro les brindamos una vez más nuestra colaboración en cualquier tipo de actividad que en este o en otros países puedan celebrarse en el futuro, tendientes a clarificar el papel del estudiante de arquitectura en esta sociedad y en la sociedad futura, empeñando nuestra palabra de que en todo caso seguiremos una línea de conducta que esté de acuerdo con el sentido del honor profesional y en el acatamiento de las decisiones tomadas en común acuerdo'" (*Summa*, 1969, 29).

Las conclusiones a las que arriban los arquitectos extranjeros invitados –que son las únicas que nos provee la revista– nos permiten ver que la impresión que se llevan del campo local no es muy alentadora. Es curioso que no se hable de esa joven generación en los términos que la presenta Bullrich, sino que más bien se refieren a la tensión existente por falta de condiciones de significado humano, en un país que debe desarrollarse. Vemos que, por un lado la revista intenta difundir una imagen del campo disciplinar de juventud y renovación, que está directamente vinculada a la producción internacional y que supera viejas disputas caracterizadas como castradoras y por otro, la imagen que devuelven los arquitectos extranjeros que visitan el país y se reúnen con los estudiantes de arquitectura es diametralmente opuesta.

En síntesis, podemos afirmar que las tensiones que moldean el campo disciplinar nunca llegan a constituirse como absolutas. En el medio de difusión analizado las representaciones llegan doblemente filtradas y legitimadas por la institución. Sin embargo, se perciben, aunque en forma velada, síntomas de debilidad o posibles roturas. Que pueden ser interpretados como los puntos de fuga que permitirían salir del encierro institucional, que define y recorta la acción dentro de territorios ajenos a las urgencias de las que nuestra disciplina debería hacerse cargo.

Bibliografía

BERGER, P. y LUCKMANN, T. (1966 [2003]). *La construcción social de la realidad*. Buenos Aires, Argentina: Amorrortu.

BOURDIEU, P. (2002). *Campo de poder, campo intelectual*. Buenos Aires, Argentina: Montressor.
——— (2010). *El sentido social del gusto*. Buenos Aires, Argentina: Siglo Veintiuno Editores.
——— (2012). *La Distinción*. Buenos Aires, Argentina: Taurus.

BULLRICH, F. (1969). "Arquitectura argentina 1960/1970". En: *Summa* 19. Buenos Aires, Argentina.

DELEUZE, G. (1990 [1996]). *Conversaciones*. Valencia, España: Pre-Textos.

FOUCAULT, M. (1978). *Microfísica del poder*. Barcelona, España: La Piqueta.

GIUNTA, A. (2008). *Vanguardia, internacionalismo y política*. Buenos Aires, Argentina.

Summa 21 (1969). "X Congreso, Buenos Aires, Encuentro de estudiantes". Buenos Aires, Argentina.

BEATRIZ GARCÍA MORENO

La ciudad, entre encierros y voyerismos

> "Nos miran. Es un rasgo de esta época. Es un rasgo. Somos mirados todo el tiempo, por todas partes, bajo todas las costuras".
>
> (WAJCMAN, 2011, 15)

La desconfianza generalizada hacia el otro extranjero y hacia el mismo vecino se ha convertido en una de las claves para leer el paisaje urbano de muchas de las ciudades actuales, particularmente el de las latinoamericanas, caracterizado en diferentes puntos y en amplios sectores, por la paradoja *encierro-voyerismo*. El encierro, logrado por elementos diversos que impiden el paso de un lugar a otro, que hacen obstáculo al ojo que quiere ver. El voyerismo se consigue por el goce desatado de la mirada (Wacjman, 2011), que supera la necesidad de ver. La disociación o "esquizia" entre el ver y el mirar remite al pensamiento de Jacques Lacan (1964), al situar la mirada como uno de los objetos pulsionales constitutivos de la subjetividad y su búsqueda permanente de goce. Didi-Huberman convierte el asunto en tema central de su "Lo que vemos lo que nos mira" (2011).

Ya no se trata solamente de la exhibición desbordada de objetos-imágenes expuestos en la calle, en vitrinas y vallas de publicidad como ha sido corriente en la historia de la ciudad capitalista, sino también, de la contemplación de imágenes capturadas en la amplia variedad de pantallas que ofrece el mercado –que van desde satélites, video- cámaras, cámaras de fotografía, escáners y muchos otros–. Estos artefactos que tienen la propiedad de atravesar cualquier muro, mantener el control y producir el goce propio de la mirada, con efectos en el paisaje urbano de fragmentación y segregación y con una tendencia a la disolución de los límites entre lo público, lo privado y lo íntimo.

Las alteraciones que estos dispositivos generan en el paisaje urbano dan cuenta de modificaciones profundas en el orden simbólico que podrían relacionarse con la llamada "sociedad hipermoderna" (Lipovetsky, 1986), caracterizada, entre otros aspectos, por el debilitamiento de las grandes instituciones que han sostenido los ideales políticos y éticos de los inicios de la modernidad, como la fe en la razón, el progreso y la construcción de una nación. La época desencantada de la segunda posguerra, a mediados del siglo pasado, tuvo efectos en el florecimiento de filosofías y visiones de mundo basadas tanto en la contingencia del ser humano como en su condición de ser sujetos del habla. En línea con el existencialismo, la lingüística, la antropología de Lévi-Strauss y los giros que introduce Lacan en el psicoanálisis, también se logró un reacomodamiento a través del capitalismo que explotó la desorientación reinante y puso en acción la idea de un mundo feliz, inmediato, al alcance de la mano, ligado a la posibilidad de consumo impuesta por el mercado.

Muchos de los metarrelatos que acompañaron la modernidad y orientaron el deseo de los sujetos, ya lo decía Lyotard (1973), cayeron, y uno de los efectos de ese suceso, fue la entrada en escena de un sinnúmero de voces relacionadas con etnias, géneros, clases sociales, etc., cada una exponiendo su particularidad y pidiendo ser escuchada, con consecuencias notorias no sólo en la esfera de la geopolítica, sino también en la ciudad misma. Todo ello ha sucedido a la par de procesos de homogeneización y globalización ligados a desarrollos sofisticados de las ciencias y las tecnologías de la comunicación y la informática, que han acortado las distancias, posibilitado la inmediatez de la comunicación y generalizado hábitos de consumo dando pie a la consolidación de la llamada "aldea global" (MacLuhan, 1985).

Sin embargo, ese sueño de homogeneización se ha visto obstaculizado en su meta no sólo por las lógicas particulares de las voces a las que se ha aludido y sus aspiraciones a ser reconocidas, sino también por los conflictos políticos y las acciones bélicas que generan, y por las protestas continuas que esas diferencias han engendrado y que hacen presencia de una manera u otra, con mayor o menor violencia, en el espacio urbano. Ejemplos de ello fueron los ataques terroristas a las Torres Gemelas de New York en 2001 y al tren de cercanías de Madrid en 2003, que además de mostrar aspectos irreconciliables de las diferentes culturas y la fragilidad de la seguridad de los sistemas imperantes, evidenciaron la potencia de las imágenes capturadas en video-cámaras y televisores. Mediante estas tecnologías, esos hechos lograron llevar en tiempo real, a todo recinto donde estuvieran instaladas, el horror de lo que estaba pasando como si se tratará de un espectáculo fascinante. Wajcman se refiere al ataque a las Torres Gemelas en los siguientes términos:

"No se trata de la opinión expresada que deja sin aliento, sino de la parte de verdad del acto mismo que ella revela: se quiso hacer obra del terror de New York. Es obvio para todo el mundo, que los iniciadores aplicaron al mínimo, a la empresa terrorista, los métodos del gerenciamiento moderno: no sólo se trataba de saber hacer, también había que hacer saber. Lo más amplia y rápidamente posible. En este sentido, la televisión era convocada a la escena del crimen" (Wajcman, 2011, 187).

El Otro diferente, con sus culturas y goces, se ha localizado claramente como enemigo y un efecto de ellos son las nuevas modalidades de encierro y de control. Podría decirse que la segregación ha encontrado nuevas formas de manifestarse, y el capitalismo, nuevos medios para promover el consumo y el goce inmediato.

J-A. Miller (2011) se refiere a la sociedad hipermoderna y se detiene en los "sujetos sin brújula" que la conforman, desprovistos muchos de ellos de los ideales transmitidos por los "nombres del padre" en sus diferentes versiones, y entendidos en sentido lacaniano, como apertura e inscripción en el campo simbólico establecido.

A la vez que reconoce la caída de los ideales de la civilización moralizadora que acompañó el desarrollo de la industrialización y cumplió la función de encauzar los deseos de los sujetos, puntualiza algunas de las nuevas maneras de encontrar orientación y de agruparse, en medio del caos que parece haberse generalizado. Algunos, dice, continúan haciendo parte de las que Freud (1921) llamó masas artificiales –el ejército y las iglesias– mientras muchos otros se reúnen en torno a creencias particulares, o simplemente, en torno a rasgos que promueven slogans publicitarios provenientes del mercado, que hacen referencia a mundos perfectamente placenteros.

En relación con las primeras, las masas artificiales, especialmente las religiosas, podría decirse que se han afianzado cada vez más en sus dogmas, en la exposición de sus diferencias y no han escatimado esfuerzos en identificar al diferente como enemigo. Los segundos, los sujetos sin brújulas, sin amos políticos e ideológicos, sin fronteras geopolíticas, parecen haber encontrado en los objetos del mercado y en los nuevos aparatos tecnológicos que desafían el tiempo y la distancia, ahora elevados al cénit de lo social (Lacan, 1964), una brújula para su orientación (Miller, 2011), y podría agregarse, para su agrupación. Brújula sobre la cual no queda más que decir que es efímera, de corta duración, que si bien, desde el campo de lo imaginario, parecería que le diera consistencias a su ser-sujeto, lo único que hace es reducir su condición de sujeto de deseo y de goce a objeto de consumo manipulado por el mercado, aunque en muchas ocasiones se crea que se está rebelando en contra de esa condición.

Un ejemplo de esto son las llamadas tribus urbanas que encuentran algún rasgo común para denominarse como tal, y a partir de esa identificación, deambulan por la ciudad exhibiendo su diferencia y en muchas ocasiones apropiándose de algunos sectores de ella. Su conformación puede darse alrededor de la música, los tatuajes en el cuerpo, la moda, etc.

El paisaje de la ciudad contemporánea se ha visto afectado de manera diversa por estos hechos y eso tiene expresión tanto en su configuración física como en las escenas de la vida cotidiana donde los habitantes exponen sus goces. El Otro que quizás se creía semejante, al exhibir sus diferencias ideológicas, de raza, de género, de clase social, se convierte en extraño y amenazante. Éste fenómeno ha dado pie a una ética basada en el miedo, la desconfianza y la exclusión que tiene claras manifestaciones de fragmentación y segregación en el paisaje urbano, pues ellas se materializan en barrera y encierros de diferente clase. Los encierros de uno u otro tipo se han generalizado y, a la vez, han reforzado la esfera de lo privado sobre la de lo público mediante el uso de cámaras y pantallas que permiten a la mirada llegar hasta lo más íntimo con las satisfacciones que ello implica. El ideal de transparencia, derivado de la ciencia que considera que todo puede ser visto, parece encontrar un nuevo camino en la búsqueda de su realización.

De encierros, segregación y fragmentación

"*¡Alarma de bomba!*", "*racismo*" (Miller, 2010) son expresiones que están en el ambiente y dan cuenta del miedo que se escenifica en diferentes ciudades del mundo, entre ellas muchas latinoamericanas, donde el Otro que hacía cumplir la ley y parecía ofrecer alguna protección, ha entrado en procesos notables de debilitamiento. Los centros fundacionales con sus referencias a las instituciones gubernamentales y religiosas y a las insignias del ideal-nación sostenidas por emblemas diversos que aún se exhiben en las edificaciones, se entremezclan en medio de los dispositivos al servicio del ideal-seguridad colocados estratégicamente en diferentes lugares con el propósito de advertir y atemorizar al desconocido para que no se acerque. El encierro se impone para evitar el encuentro con el Otro que hace visible un discurso y un goce diferentes, que expone su etnia, su género, su condición política o sus creencias. Lo que antes aparecía como familiar, como lo señala Freud en su ensayo "Lo Ominoso" (1919), se ha convertido en no familiar, amenazador, poseedor de un goce sin control que puede acabarlo.

La tendencia al encierro y a la segregación ha existido en la ciudad a través de su historia, bajo modalidades diferentes. La ciudad burguesa que inauguró el capitalismo, dio cuenta de conformaciones ya no en torno a señores-amos como los de la gleba, sino en torno a las instituciones y condiciones socio-económicas de sus habitantes librados a la suerte del mercado de trabajo. Las ciudades actuales, atravesadas por los efectos directos o indirectos de dos guerras mundiales, por las luchas por la propiedad de la tierra y los bienes de producción, por la consolidación del mercado de consumo, por la entrada en escena de diferentes ideologías, por el desarrollo de las tecnologías de la comunicación y la informática, entre otros, han encontrado modos particulares de encierro que impiden el lazo social. Este encierro que se materializa con elementos diversos, se ha complejizado con el uso de diferentes tecnologías que a la vez que lo potencian, permiten a la mirada penetrar en los lugares más íntimos. Se trata de la mirada omnipresente y omnividente de la que habla G. Wacjman en *El Ojo Absoluto* (2011), que controla los sujetos, invade los espacios y da cuenta de un juego perverso entre encierros y voyerismos. La desconfianza generalizada que se ha impuesto, ha inducido la presencia de un gran Otro invisible al servicio de las nuevas modalidades del capitalismo, que valiéndose de las nuevas tecnologías ha echado a andar sofisticados sistemas de previsión, control y vigilancia.

Si bien Wacjman toma de manera particular el caso de Londres como ejemplo de la hipervigilancia, la tendencia a llenar la ciudad de cámaras se impone en muchas otras ciudades. En Colombia, durante las elecciones presidenciales de 2014, un slogan de campaña prometía seguridad mediante la instalación de video-cámaras.

El paisaje urbano exhibe cada vez con mayor frecuencia, elementos de exclusión propios de territorios en conflicto, podría decirse en guerra, que impiden la accesibilidad al interior de los recintos institucionales. Un gran número de edificaciones protegen y censuran la entrada a su interior con dispositivos que van desde rejas cortopunzantes, pedazos de vidrios y alambres electrificados que se siembran sobre muros, puertas equipadas con sofisticadas chapas de seguridad, porterías con vigilantes armados, cámaras de rayos X que atraviesan el cuerpo de quien ingresa y cámaras de video que graban a quienes se acercan o se alejan. El comercio, por su parte, ha incursionado con mayor asiduidad en la modalidad de los centros comerciales clausurados al exterior, vigilados por cámaras que captan cualquier movimiento y por guardias armados que impiden el ingreso a quien les parezca que no cumple con los requisitos.

Los nuevos sectores residenciales también han encontrado sus formas de cerramiento con efectos notorios en la fragmentación de la ciudad y en el aumento de la segregación. En el afán de poner límite al diferente que se vive como amenazante, y de responder al ideal-seguridad que se impone, se asiste al florecimiento de conjuntos residenciales encerrados entre muros, rejas y cámaras de vigilancia, muchas veces ubicados en las áreas suburbanas que incluyen la promesa de una vida armoniosa, librada del caos urbano y en perfecta unión con la contemplación de una naturaleza idealizada (Muxí, 2004).

Estos nuevos desarrollos tienen como efecto una fragmentación total del espacio urbano que se disuelve en autopistas con grandes problemas de movilidad, en muros de encierro, y en una segregación permanente de todo el que muestre otros modos de habitar y de gozar. En ellos se reúnen familias e individuos que dicen compartir estilos de vida que incluyen no sólo una capacidad de consumo similar, sino también rasgos particulares relacionados con características raciales, de género o de cualquier otro. El pequeño rasgo que caracteriza a cada uno, azuzado por las leyes del consumo, se convierte en posibilidad de agrupación cerrada a modo de defensa del goce intolerable del Otro.

Parece que algo espantoso fuera a pasar. El miedo se ha aposentado en la ciudad y se ha apropiado de sus rincones y espacios a cielo abierto. Los habitantes que recorren sus calles, parques y espacios públicos, asumen posiciones defensivas, caminan cuidando sus pertenencias, evitan andar por donde haya poca gente, y si lo hacen en medio de la multitud, protegen todo lo que llevan encima. Algunos van acompañados de guardaespaldas como si ellos mismos no pudieran asumir su propia defensa. Sujetos atrapados en victimizaciones diferentes que se exhiben en cuerpos lacerados, amedrentan al próximo con su presencia. Los desplazados de sus tierras, los que han optado por vivir en la calle de la basura y la limosna que reciban se mezclan con los que protestan por sus condiciones laborales, por las discriminaciones y abusos de género, por sus carencias. Cada uno quiere ser visto y escuchado. La polifonía se alza en la ciudad, se escucha, atemoriza a unos y otros y genera desconfianza. Ya no se puede salir desprevenido, hay fobia al Otro que no se tolera, y por ello, es necesario blindar el automóvil, blindar la casa, utilizar dispositivos que potencien los sentidos, que funcionen al modo del Ojo absoluto de Dios, que vigilen, y hagan obstáculo entre unos y otros.

El Otro referente –gobierno, padre, ley– parece no dar señales de existencia, pero las tecnologías que refuerzan el encierro, se encargan de simular a "esos Otros crueles" que captan en sus cámaras a quien se acerque, a la manera de un gran superyó que vigila y puede castigar. Esos dispositivos que se encargan de hacer barrera y de infundir miedo a quien se acerca, también dan cuenta del miedo y debilidad de quien los usa y se esconde detrás de ellos en ese combate imaginario con el Otro, a la manera de armadura que blinda y protege su cuerpo.

Paisajes urbanizados que semejan campos de concentración y de guerra, se entremezclan con paisajes que dan cuenta de amos y discursos petrificados de otras épocas y con otros que no cesan de escribir la ciudad espectáculo que se apoya y se sirve de las ciudades-pantalla en todas sus modalidades, incluidas las de las redes sociales, que irrumpen cada vez con más frecuencia, en la escena de lo público.

Un goce desatado, del que hay que cuidarse, se mezcla con la ciudad de los objetos exhibidos. Ver y no tocar, mostrarse y no entrar, parece ser el juego perverso que se impone. La ciudad, cuerpo fragmentado en miles de encierros que la exhiben como cuerpo torturado, amarrado, electrizado, la ciudad del "no te me acerques", se mezcla con la ciudad de los miles de objetos-prótesis que se disponen para el consumo y el goce mortífero de lo inmediato que se instala en las calles y convierte a los sujetos en objetos de consumo del mercado.

De voyerismos y goces

Gérard Wacjman en *El Ojo Absoluto* (2011) reconoce como paradigma de la época contemporánea a la mirada omnipresente y omnividente que controla los sujetos, los reduce a objetos de goce e invade todos los espacios y rincones. El paisaje urbano invadido de pantallas, y los nuevos modos de habitar y gozar de la época, dan cuenta de ello.

El goce de mirar y ser mirado desplegado en la ciudad espectáculo que surgía con la industrialización y que ya se había incrementado a mediados del siglo pasado, se ha potenciado en la ciudad actual al menos de dos maneras: de un lado mediante las pantallas que recogen las imágenes captadas por las video-cámaras con propósitos ligados a la prevención, al control y a la vigilancia; y de otro, mediante esos mismos dispositivos que se encargan de llevar en imágenes el mundo del afuera a los espacios más íntimos, en complicidad con el capitalismo y su afán de generar goces inmediatos en el consumo desaforado.

Si bien la utilización de cámaras de vigilancia que desconocen el encierro y las distancias y permiten la prevención y el control, ha venido a reforzar la defensa ante atropellos reales e imaginarios a la llamada seguridad, también la utilización de estos dispositivos ha facilitado a la pulsión mirada saciar su apetito voyerista en la contemplación ilimitada de las imágenes capturadas en los espacios más íntimos, las cuales, muchas veces, no sólo son vistas en los lugares donde se vigila, sino que son exhibidas en la escena de lo público por los medios de comunicación, que se empeñan en divulgarlas bajo el pretexto de la información para todos.

Los dispositivos tecnológicos que capturan la imagen se han encargado de llevar en tiempo real, a los lugares más íntimos, el mundo de afuera. Las cámaras penetran cualquier habitación y traen en pantallas diversas, convertidos en imágenes inofensivas que desaparecen con solo apagar el botón de encendido, otras geografías y culturas, con sus sucesos más crueles y sus mayores logros. La mirada capturada por la cámara previene a quien la observa de ser tocado por el goce extraño del Otro, y lo protege de enfrentar la diferencia que ese Otro exhibe. Podría decirse que en las ciudades actuales se asiste a un juego donde las escenas de lo público invaden los espacios de lo privado, y las de lo íntimo aforan sin tapujos en el espacio de lo público. Un Otro poderoso que se no se sabe muy bien quién es, se esparce por todos los espacios y rincones en multitud de imágenes y voces.

Desde los inicios de la ciudad industrial, la calle con sus exhibiciones de mercancías y multitudes se ofreció como lugar por excelencia para el goce de la mirada. Baudelaire captó esta característica de manera precisa, cuando se refirió al *flâneur* atrapado en el espectáculo de la ciudad que más tarde Benjamin (1972) enfatizó en sus comentarios sobre el mismo poeta y el París del siglo XIX. En la actualidad, el goce de la mirada despierta el apetito desaforado del sujeto sin brújula de la sociedad hipermoderna, que queda atrapado ya no sólo en la mirada de los objetos-mercancías, multiplicados de manera exponencial, que lo cautivan con los brillos y mensajes expuestos en vallas publicitarias, vidrieras y ventas callejeras, sino también en la captura y goce de infinidad de imágenes que ofrecen las diversas modalidades de pantallas y lo conducen a prácticas privadas de nuevo tipo.

Desde la intimidad que ahora le brinda la pantalla, le llegan al habitante, las ofertas de mundo ilusorios y felicidades posibles, los personajes y objetos-mercancía más diversos que le prometen una satisfacción ilimitada, mientras esconden a la manera de una anamorfosis, posibilitada por la pantalla, los cuerpos incompletos, consumidos por el paso del tiempo, expuestos a la muerte, pero que al estar camuflados detrás de las cámaras, tienen el poder de envolver al espectador en sus tentáculos. Lacan (2006) se detiene en la anamorfosis para enfatizar la esquizia existente entre el ver y el mirar, los velos y pantallas que se interponen y generan una distorsión de la imagen en lo real que la constituye. Máximo Recalcati (2006) ofrece un buen camino para el entendimiento de este fenómeno.

Rituales privados liberados de la moral burguesa y en complicidad con la pantalla dan rienda suelta al apetito del ojo que se obnubila en la contemplación de las imágenes capturadas, que queda fijo a mundos imaginarios, armoniosos, donde parece que la felicidad es posible. Al espacio más íntimo llegan ahora, a través de la pantalla privada, el mundo de afuera envasado en paquetes turísticos de la más alta variedad y sofisticación, mientras el espacio de lo público se vacía de contenidos simbólicos que ofrezcan referencias claras, y se llena de sujetos atemorizados, que apenas logran reconocerse en las cámaras que devuelven sus imágenes.

La inmediatez del logro y lo efímero de los sucesos acentuado por la pantalla impuesta entre el sujeto y la experiencia directa se han convertido en características del movimiento sin pausa de los habitantes de la ciudad actual, que creen encontrar en cada imagen capturada una posibilidad de ser, sin percatarse ni importarles la condición efímera que la caracteriza. El mandato al consumo puesto ahora en acción en la intimidad que abre la pantalla, deleita al voyer que no sólo se embriaga de modo frenético en la contemplación de infinidad de imágenes, sino, y de manera particular, en la posibilidad de convertir a los sujetos que encuentra, en objetos capturados para el goce de su mirada.

Al momento de concluir podría decirse que la paradoja encierro-voyerismo se ha incrementado en los paisajes de las ciudades atemorizadas por las diferentes manifestaciones de un goce-Otro que responde a otra lógica. Los goces de los Unos singulares se manifiestan en la escena ciudadana en modalidades que tienen que ver con el disfrute en el encierro acompañado de los que considera sus semejantes, con la inclusión de algunos y la exclusión de otros, con el disfrute en la exhibición de medios de tortura instalados en las edificaciones, y con la penetración del agujero que en medio de ellos se ofrece, mediante los dispositivos-prótesis del ojo que lo potencian, alargan y permiten acceder a cualquier espacio y escarbar en todos los rincones. La necesidad de la prevención se ha impuesto, pues la desconfianza se ha generalizado y ha llegado hasta el más próximo. El espacio panóptico denunciado por Foucault (1975), que acompañó diferentes arquitecturas de la modernidad, se potencia mediante la tecnología hasta alcanzar límites inusitados. La ciudad de la exposición ilimitada de objetos que parecen prometer la felicidad se mezcla con la ciudad alambrada y mortificada, fragmentada y llena de segregaciones, pero expuesta al goce sin fin de la mirada.

La transparencia que corresponde a la sed insaciable de ver propia del discurso de la ciencia se invoca como medio para impedir el delito y la corrupción, mientras la mirada *voyerista* se sacia en la invasión de cualquier intimidad. En la paradoja encierro-voyerismos a la que se ha hecho referencia, la pantalla se presta para rituales privados que dan cuenta de la naturaleza autística del goce, de la imposibilidad de un lazo social en el que comande el respeto por el sujeto.

El capitalismo, con los dispositivos para la mirada, no sólo ha asegurado la hipervigilancia, sino que ha encontrado nuevas maneras de convertir el mundo en objeto de consumo y de reducir al sujeto mismo a un objeto que se consume en el juego de mirar y ser mirado.

Bibliografía

Amendola, G. (2000). *La ciudad postmoderna.* Madrid, España: Celeste Ediciones.

Baudelaire, C. (1976). *Poesía Contemplada.* Barcelona, España: Libros Río Nuevo.

Benévolo, L. (2002). *Historia de la Arquitectura Moderna.* Barcelona, España: Gustavo Gili.

Benjamin, W. (1972). *Iluminaciones* II. Madrid, España: Taurus.

Didi-Huberman, G. (2011). *Lo que vemos, lo que nos mira.* Buenos Aires, Argentina: Manantial.

Foucault, M. (1975 [2008]). *Vigilar y castigar. El nacimiento de la prisión.* Buenos Aires, Argentina: Siglo XXI.

Freud, S. (1921 [1967]). "Psicología de masas y análisis del yo". En: Freud, S. (1967). *Obras Completas. Tomo I.* Madrid, España: Biblioteca Nueva.
————(1919 [1989]). "Lo Ominoso". En: Freud, S. (1989). *Obras Completas. Vol. XVII.* Buenos Aires, Argentina: Amorrortu.

García Moreno, B. y otros. (2013). "A cidade Latino-American, entre a prevenção e a vigilancia". En Segawa, H. y otros. *Crítica de Arquitectura. Ensaios latinoamericanos*. São Paulo, Brasil: Editorial Ateliê.

Lacan, J. (1964 [2006]). *El Seminario 11: Los Cuatro conceptos fundamentales del psicoanálisis*. (2006). Buenos Aires, Argentina: Paidós.
——— (2012). "Televisión". En: Lacan, J. (2012). *Otros Escritos*. Buenos Aires, Argentina: Paidós.

Lyotard, J.-F. (1973 [1979], *La condición posmoderna. Informe sobre el saber*. Barcelona, España: Planeta-Agostini.

Lipovetsky, G. (1986). *La era del vacío. Ensayo sobre el individualismo contemporáneo*. Barcelona, España: Editorial Anagrama.

McLuhan, M. (1985). *La galaxia Gutenberg. Génesis del "Homus Tipographicus"*. Barcelona, España: Planeta-Agostini.

Miller, J-A. (2010). *Extimidad*. Buenos Aires, Argentina: Paidós.
——— (2011). "Una Fantasía". En *Punto Cénit. Política, religión y el psicoanálisis*. Buenos Aires, Argentina: Colección Diva.

Muxí, Z. (2004). *La arquitectura de la ciudad global*. Barcelona, España: Gustavo Gili.

Recalcati, M. y otros. (2006). *Las tres estéticas de Lacan*. Buenos Aires, Argentina: Ediciones El Cifrado.

Wacjman, G. (2004). *Fênetre. Croniques du regard et de l'intime*. Paris, Francia: Éditions Verdier.

———— (2006). "La casa, lo íntimo, lo secreto". En: RECALCATI, M. y otros. (2006). *Las tres estéticas de Lacan.* Buenos Aires, Argentina: Ediciones el Cifrado.

———— (2011). *El Ojo Absoluto.* Buenos Aires, Argentina: Manantial.

Los autores

Raúl Horacio Campodónico

Profesor Titular de la asignatura Estética del Cine y Teorías Cinematográficas en la Carrera de Diseño de Imagen y Sonido (Fadu-UBA). Fue becario de investigación del Fondo Nacional de las Artes, con el proyecto *La producción de Homero Manzi para la cinematografía nacional*. Fue galardonado con el 1º Premio de Ensayo sobre Cine Iberoamericano y del Caribe, de la Universidad de Alcalá de Henares y la Fundación del Nuevo Cine Latinoamericano, por su trabajo *Trincheras de celuloide. Bases para una historia político-económica del cine argentino*, publicado en España. Compilador del libro *El cine cuenta nuestra historia*, publicado por el Instituto Nacional de Cine y Artes Audiovisuales (Incaa) en el marco de los festejos del Bicentenario.

Horacio Caride Bartrons

Arquitecto y Doctor en Ciencias Sociales por la Universidad de Buenos Aires. Profesor titular de Historia del Diseño Industrial y de Introducción al Diseño y la Arquitectura Moderna en la Facultad de Arquitectura, Diseño y Urbanismo (Fadu-UBA); profesor adjunto de Historia de la Arquitectura en la misma casa de estudios. Fue profesor y tutor en las maestrías de Gestión Ambiental Metropolitana, Historia y Crítica de la Arquitectura, el Diseño y el Urbanismo, y Lógica y Técnica de la Forma. Es Director de la Sección de Estudios Históricos e investigador principal del Instituto de Arte Americano e Investigaciones Estéticas "Mario J. Buschiazzo" (IAA), donde también es miembro del Comité Editorial de la revista *Anales*. Profesor visitante en universidades de América y Europa. Ha dictado cursos y conferencias en Argentina,

Iberoamérica, Estados Unidos y Europa y ha publicado siete libros
y más de setenta artículos de su especialidad.

Beatriz García Moreno

Arquitecta (Facultad de Arquitectura, Universidad Nacional de
Colombia, Sede Medellín). Ph.D en Arquitectura, Georgia Institute of Technology. Master en Psicoanálisis de la Universidad de
León, España. Profesora de Posgrado en la Universidad Nacional
de Colombia y de la Universidad Javeriana e invitada en otras
universidades nacionales e internacionales. Entre sus publicaciones
figuran los libros: *La Imagen de la Ciudad en las Artes y en los Medios*
del cual es autora y compiladora, *Ciudad, Universidad, Universitarios,
el vecindario de la calle 45 en Bogotá* y *Arturo Robledo, La arquitectura
como modo de vida* además de diferentes artículos sobre la ciudad y la
arquitectura en Colombia y América Latina.

Rodolfo Giunta

Profesor en Historia (Ffyl-UBA). Encargado del Área Conservación de Patrimonio Arquitectónico e Infraestructura del Museo
Histórico Sarmiento (Ministerio de Cultura de la Nación). Investigador del Instituto de Arte Americano e Investigaciones Estéticas
"Mario J. Buschiazzo" (IAA) y docente en la Maestría en Historia
y Crítica de la Arquitectura, Diseño y Urbanismo y en Gestión del
Patrimonio Cultural (Fadu-UBA). Doctorando en la misma casa
de estudios con el tema "La Gran Aldea y la Revolución Industrial. Primera modernización de Buenos Aires entre 1850 y 1880".
Publicó *La gran aldea y la revolución industrial. Buenos Aires 1860-1870*
y con María Rosa Gamondès el capítulo "La ciudad construida.
La ciudad de los patios" en el libro compilado por Juan Manuel
Borthagaray *Habitar Buenos Aires: las manzanas, los lotes y las casas.*

Mario Sabugo

Arquitecto y Doctor en Arquitectura de la Universidad de Buenos Aires. Es profesor titular regular de Historia de la Arquitectura y el Urbanismo y director del Instituto de Arte Americano e Investigaciones Estéticas "Mario J. Buschiazzo" (Fadu-UBA). Ha sido miembro del Consejo de Planificación Urbana y del Consejo del Plan Urbano Ambiental, y Subsecretario de Planeamiento del Gobierno de la Ciudad de Buenos Aires. Ha publicado varios libros y capítulos de libros y más de trescientos artículos sobre historia de la arquitectura y la ciudad.

Maximiliano Salomón

Arquitecto (Fadu-UBA). Profesor Adjunto de Introducción a la Arquitectura Contemporánea (Fadu-UBA). Codirector de Becas del Consejo Interuniversitario Nacional. Investigador Ubacyt. Ha publicado varios capítulos de libros, artículos y presentado ponencias de su especialidad en diversos congresos nacionales.

Gabriela Sorda

Arquitecta (Fadu-UBA). Es becaria de la Maestría en Pobreza y Hábitat Urbano en la UBA. Docente de Historia de la Arquitectura (Fadu-UBA). Investigadora Ubacyt. Entre sus publicaciones se destaca un capítulo en el libro de Margarita Gutman (coord.) *Construir Bicentenarios Latinoamericanos en la era de la Globalización*. Coordinó el *Manual de Urbanismo para Asentamientos Precarios*, presentado en diversos ámbitos académicos y populares; entre ellos la Organización de las Naciones Unidas en Nueva York. Este manual integró la exhibición *Cities: Design for the other 90%* del Museo Cooper Hewitt en 2011. Coordinadora de las Jornadas de Investigación y Encuentros Regionales de Investigación de la Fadu.

Ileana Versace

Arquitecta (Fadu-UBA). Profesora adjunta de Historia de la Arquitectura. Doctoranda e Investigadora del Instituto de Arte Americano e Investigaciones Estéticas "Mario J. Buschiazzo" (IAA) en el proyecto Ubacyt "Imágenes, técnicas y contexto profesional de las obras, trabajos y espacios públicos en Buenos Aires (1887-1913)". Codirectora del programa de Estudios Históricos de las Heterotopías del IAA. Coordinadora de la Dirección de Programas Internacionales (Fadu-UBA).

Johanna Zimmerman

Arquitecta (Fadu-UBA). Tesista en la Maestría en Historia y Cultura de la Arquitectura y la Ciudad en la Universidad Torcuato Di Tella, con una beca Francisco Bullrich obtenida por concurso internacional. Realizó cursos en el Museum of Modern Art (MoMA), la New York University (NYU) y la School of Visual Arts (SVA). Investigadora Ubacyt y docente de Historia de la Arquitectura (Fadu-UBA).